Es ist im ganzen nicht schwer, den deutschen Philister zu Äußerungen nationaler Erregtheit hinzureißen. In jeder Versammlung ist ... eine sonore Stimme und eine blühende Phrase ausreichend.

Bismarck an v. Gruner 1859

Diese Schrift entstammt nicht unbezwinglicher Sucht zur Kritik. Der Entschluß zu ihr fiel nicht leicht. Es ist schwer, nüchtern zu bleiben, wo zahllose trunken sind; es schmerzt, nicht mithoffen und mitglauben zu können, wo kaum einer mehr zweifelt. Aber niemand nimmt dem seine Verantwortung ab, den sein eigenes Gewissen zur Rechenschaft zieht. Keiner darf schweigen, der Abgründe sieht, wo andere noch blind sind. Viele werden verletzt sein; sie mögen sich damit trösten, täglich im Rausche leben zu dürfen. Sie stehen der Sorge um die Zukunft unseres Volkes nicht Auge in Auge gegenüber. Wem diese Sorge nicht mehr von der Seite weicht: der m u ß sprechen.

N.

IMPRESSUM:
Ernst Niekisch, Hilter - ein deutsches Verhängnis
Nachdruck als Reprint der Erstausgabe von 1932
Verlag Siegfried Bublies, Beltheim-Schnellbach

Internetadresse: http://www.bublies-verlag.de
E-Brief-Adresse:bublies-verlag@web.de
Druck: Eigendruck
Printed in Germany
ISBN 978-3-926584-09-0

Ernst Niekisch

HITLER–
ein deutsches Verhängnis

Zeichnungen von A. Paul Weber

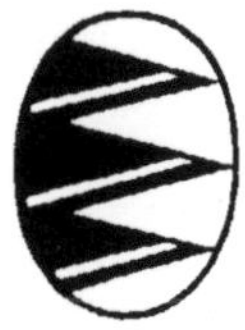

Widerstands-Verlag Berlin
1932

Inhalt

Vom deutschen Protest zum Faschismus

Bis zum Rande mit Gegensätzen gefüllt

Die nationalsozialistische Bewegung ist vieldeutig und vielsinnig; mannigfache Strömungen, Gefühlswallungen, Willensrichtungen und Wunschträume schießen in ihr wie in einem gemeinsamen Bett zusammen. Sie ist das eine, ein vielgestaltig anderes zugleich aber auch. Bis zum Rande ist sie mit Gegensätzen gefüllt; sie birgt fast ebensoviele Widersprüche in sich, wie der gesamte Umkreis des Lebendigen selbst es tut. In ihr spricht die Stimme des Blutes, aber auch die Stimme der sozialen Rachsucht. Hinreißend ist der Schwung echten nationalen Gefühls; aber er wird doch wieder ohne Scham durch kleine persönliche Eitelkeit oder berechnenden Eigennutz mißbraucht. Die Flamme eines herrlichen Idealismus wird verdunkelt durch den Qualm widerwärtiger Korruption. Entschlossenen Tatendrang übertönt ein unerträglicher Lärm hohler Worte. Der starke Eindruck gesammelter Kraft wird verwischt durch abstoßende Ausbrüche zügelloser Roheit. Welsche Liebedienerei erweckt Zweifel an der Ehrlichkeit des deutschen Protestes. Deutscher Freiheitswille wird kühn entfesselt; sogleich aber übt dürftige Diplomatenpfiffigkeit wieder tückischen Verrat an ihm. Gute politische Instinkte verstummen vor schlechten bürgerlich-liberalen Eigentumsängsten.

Die nationalsozialistische Bewegung hielt bisher alle diese Spannungen aus, weil sie sich noch nicht auf ein bestimmtes Ziel hin ausgerichtet hat; jedes einzelne ihrer Elemente kann noch hoffen, das Übergewicht zu gewinnen und siegreich dem Ganzen das Gesicht zu geben. Keine besondere Strömung fühlt sich schon vergewaltigt und zur Abwehr und Selbstbehauptung herausgefordert. Die Entscheidung, die Grenzen zieht, klare Fronten schafft, scheint noch nicht getroffen zu sein. Die Bewegung flutet, aber niemand weiß, wohin. Noch alle Wege sind offen, noch keine Tür ist verschlossen. Noch erhob sich aus dem brodelnden Wirrsal der Gegensätze keine durchgebildete Gestalt, an der sich der Kampf der formlosen

Kräfte gegen die geformten hätte entzünden können. Die programmatische Unbestimmtheit kommt jedem Auslegungsbedürfnis entgegen; man kann herauslesen, was man im Programm finden möchte. Was in Wahrheit nichtssagende Verwaschenheit ist, wird gutgläubig als beglückende Allseitigkeit ausgedeutet. Die Verschwommenheit wirkt als Allmacht zu jeglichen verheißungsvollen Möglichkeiten.

So vielsinnig die nationalsozialistische Bewegung ist, so vielgestaltig sind ihre Funktionen. Sie ist zu umfassend, als daß man ihre Aufgaben für den allgemeinen Haushalt der Nation leugnen könnte. Sie kann aufwühlende Pflugschar, sie kann Krampf schöpferischen Gebärens, sie kann das Gewitter sein, das die Erde tränkt und die Luft reinigt; sie kann aber auch wirbelnde Windhose sein, die über Fluren und Dörfer hinwegfegt und nur Zerstörung, Schutt und Trümmer hinterläßt.

Mundstück des deutschen Protestes

In seinem Memoirenwerk „Mein Kampf" berichtet Adolf Hitler über die Antriebe und Beweggründe, die zur Entstehung seiner Bewegung geführt hatten. Anläßlich eines Vortrags von Gottfried Feder vernahm er zum ersten Male in seinem Leben „eine prinzipielle Auseinandersetzung mit dem internationalen Börsen- und Leihkapital". „Nachdem ich den ersten Vortrag Feders angehört hatte, zuckte mir auch sofort der Gedanke durch den Kopf, nun den Weg zu einer der wesentlichsten Voraussetzungen zur Gründung einer neuen Partei gefunden zu haben." Zufällig stieß er bald darauf auf eine kleine ratlose Gruppe, die sich den Namen „Deutsche Arbeiterpartei" beigelegt hatte; dort erhielt er „einen provisorischen Mitgliedsschein mit der Nummer sieben".

Es waren kleine Leute, Arbeiter, mit denen er sich zusammenschloß. Dumpf lebte in ihnen das Gefühl des deutschen Zusammenbruchs; dunkel ahnten sie den Zusammenhang, der zwischen den Aufgaben der nationalen und der sozialen Befreiung des deutschen Volkes besteht. Aus ihrem sozialen Umkreis heraus waren sie auf der Suche nach einer naturgemäßen Form, auf ihre besondere Weise den nationalen Notwendigkeiten wirksam dienstbar sein zu können.

Gottfried Feder war nie etwas anderes als ein niveauloser Rezeptemacher gewesen. Rezepte sind in der Regel die Evangelien der Sekten: man will dort alle Leiden dieser und jener Welt aus einem einzigen Punkte kurieren. Die Stärke des Federschen Rezeptes lag darin, daß die Abhängigkeit von internationalen Mächten, die 1918 für Deutschland gestiftet worden war, auf eine einfache Formel gebracht wurde; ein Gegner wurde gezeigt, den man sehen konnte. Kein Rezept trägt der Ganzheit der Erscheinungen Rechnung; auch Feders Rezept war nicht besser. Es bot eine nationale Volkswirtschaftslehre für sehr bescheidene Geister; es gab eine Deutung des nationalen und sozialen Unglücks, die auf das kümmerliche Fassungsvermögen anspruchsloser Menschen zugeschnitten war.

Hitler brachte der „Deutschen Arbeiterpartei" Feders Rezept. Es wurde ihm zum Schlüssel, mittels dessen er den „dunklen Drang" jener kleinen Gruppe zu deuten versuchte. Er senkte die Federsche Idee in das soziale Erdreich ein, in dem solche bedürfnislose Gewächse in der Regel gedeihen. In ihm selbst hatte sie sich schon mit einem menschlichen Grundbestand vermählt gehabt, auf den sie abgestimmt ist; so konnte er redlich und ehrlich aus dem Herzen heraus sprechen.

Danach drängte es ihn, *sprechen* zu können. Er hat den Stolz des geborenen Redners. Ihn lenkte ein Urtrieb nach dem ihm angemessenen Element — der *Massenversammlung*. Ein Höhepunkt seines Daseins ist die erste große „Volksversammlung", die glückte; seine Erinnerung daran ist geweiht; in feierlichem Tone erzählt er davon, wie er sie erzwang und wie sie verlief. „Um 7 Uhr 30 sollte die Eröffnung stattfinden. 7 Uhr 15 betrat ich den Festsaal des Hofbräuhauses am Platzl in München, und das Herz wollte mir fast vor Freude zerspringen. Der gewaltige Raum, denn so kam er mir damals noch vor, war mit Menschen überfüllt, Kopf an Kopf, eine fast zweitausend zählende Masse." Er schreitet von Massenversammlung zu Massenversammlung, und jede gilt ihm als Sieg; er zählt die Teilnehmer wie ein Feldherr seine Divisionen. Er vollbringt seine Taten, indem er redet. Die Straße und die großen Säle sind seine Schlachtfelder. Der Geist des Demokratismus war 1918 über Deutschland hereingebrochen. Der Demagoge war der Held des Tages. Das demokratische Wesen war seinem Kern nach eine Überfremdungserscheinung; es kehrte seine Spitze gegen die deutsche Ursprünglichkeit. Der echte Demagoge ist der Natur der Sache nach immer ein Westler; er geifert als Gehilfe des Auslandes gegen das, was in Deutschland bodenständig ist.

Hitlers anfängliche Leistung war, daß er seine starken demagogischen Instinkte an *deutsche* Werte band. Er spielte seine demagogischen Mittel gegen eben diesen Geist aus, dem die Demokratie entwachsen war. Die demokratische Maschinerie war auf deutschem Boden in Gang gesetzt worden, um Deutschland zu zerstören; Hitler gelang es, sie so umzuschalten, daß sie gegen den Urheber, den Geist des Westens, zu funktionieren begann. Der größte Demagoge, den Deutschland hervorgebracht hat, überflügelte alle seine Nebenbuhler, indem er gerade jene Sache, die *deutsche* Sache, zu seiner eigenen machte, die ihrem inneren Gesetze gemäß der Gegenpol der demokratischen Zeitkräfte ist. Statt die Überfremdung zu befestigen, erweckte er im Gegenteil *den deutschen Protest gegen sie*. Der Demagoge, der *gegen* den Demokratismus zu Felde zog, war eine Spielart des demokratischen Menschen, in dem die Demokratie an ihre äußerste Grenze gelangt war, in dem sie *gegen sich selbst wütete*, in dem sie *unter ihre eigenen Räder* geriet, in dem sie sich anschickte, *Selbstmord* zu verüben.

Ein tiefer Widerspruch blieb nichtsdestoweniger zwischen der demokratischen Maschinerie und der antidemagogischen Natur der ursprünglichen deutschen Lebensformen fortbestehen. Darin lag die große Gefahr; wenn die deutsche Sache erst einmal in das Getriebe des demokratischen Mechanismus geraten war, konnte es geschehen, daß sie darin zerrieben und zermahlen wurde.

In den ersten Jahren allerdings war Hitler unleugbar noch ein *Mundstück des deutschen Protestes*: angesichts des ungeheuerlichen Ausmaßes des Betrugs, der im Namen der Demokratie dem deutschen Volke zugefügt worden war, konnte kein Aufschrei zu laut, keine Anklage zu donnernd, kein Einspruch durchdringend genug sein. Hitler war gewiß Demagoge, als er den frechen Lärm der „siegreichen" westlerischen Demokratie überschrie; aber aus der Kraft seiner Stimme ertönte doch der Urlaut der gepeinigten und geschändeten deutschen Kreatur. In Hitlers lärmendem Gestammel bekannte sich die trotzige Auflehnung des deutschen Lebenswillens.

Nirgends war dieser Lebenswille bedrohter als in *München*, dem Zentrum der separatistischen, römischen und französischen Überfremdung. Hier wurden die tückischsten Anschläge geschmiedet; hier unterhielt man die innigsten Beziehungen zu den Verderbern des deutschen Volkes. Gerade das Ungestaltete der jungen nationalsozialistischen Arbeiterpartei deutete auf ihren elementaren Tiefgang. Damals wählte Ludendorff seinen Wohnsitz in München. Sein Bund mit Hitler war ein Symbol und ein Versprechen. Hitlers Demagogie wurde in preußische Zucht genommen: darin lag die Gewähr dafür, daß sie nur Mittel, nur Werkzeug blieb. Hitler beschied sich in der Rolle des „Trommlers". Solange Ludendorff die Massen, die zusammengelaufen waren, in Reih und Glied befahl und auf die deutsche Aufgabe ausrichtete, war Vorsorge getroffen, daß hier nicht unfruchtbare Ressentimente entfesselt wurden, sondern daß Soldaten marschierten. Das Aufgebot, das der Eifer des Demagogen in Bewegung setzte, war ein deutscher Glücksfall, wenn der Feldherr vorbereitet war, es zu ordnen und zweckvoll einzusetzen.

Der Umschwung

Die klerikal-partikularistischen Kräfte Bayerns waren nicht wenig bestürzt, als sie die Erfolge Hitlers in den Reihen der Beamtenschaft wahrnahmen. Es hatte den Anschein, als ob die elementare Gewalt des von Hitler entfesselten, von Ludendorff gelenkten deutschen Protestes die bayerische Machtstellung des römischen Herrschaftswillens erschüttern und überrennen würde; schon fürchteten jene Kräfte, daß die deutsche Selbstbesinnung auch in Bayern zum Durchbruch gelangen und die römische Überkrustung abschütteln könne. Sie verführten Hitler zu seinem Novemberputsch; der verheißungsvolle illegal-revolutionäre Schwung seiner Bewegung versackte in der Lächerlichkeit einer illegal gespreizten Torheit. Über Nacht war der Zauber der Bewegung gebrochen; der revolutionäre Held, der geschworen hatte, zu siegen oder zu sterben, büßte seine Niederlage nicht mit dem Tod, sondern mit der angenehmen Muße einer idyllischen Festungshaft. Die römischen Kräfte hatten in Bayern wieder die Oberhand; das Beamtentum sprang über Nacht auf den Boden der Verfassung zurück, der deutsche Protest war ins Leere verhallt.

Schon nach einem Jahre wurde Hitler begnadigt. Der bayerische Ministerpräsident, ein Führer des politischen Katholizismus, empfing ihn, um die Versicherung künftigen Wohlverhaltens entgegenzunehmen. Hitler vollzog die Trennung von Ludendorff und verband sich mit dem „Maria-Mutter-Gottes-General" Epp. Er wählte sich Mussolini und den italienischen Faschismus zum Vorbild. Er bestätigte das fremdartige Braunhemd, das mit der deutschen Atmosphäre nicht zusammenklingt; wie südeuropäische Besatzungstruppen stehen seitdem seine Scharen auf deutscher Erde. Die römisch-faschistische Grußform wurde verbindlich; an die Stelle der deutschen Fahnen, die herrlich mit dem Winde tanzen, trat die strenge tote Form prangender Standarten von jener Art, wie sie bisher römischen Legionären, italienischen Faschisten, katholischen Prozessionen vorangeleuchtet hatten. Die Bewegung, die nunmehr aufs neue Boden zu gewinnen versuchte, war nicht mehr, was sie 1923 gewesen war. Jetzt hatte sie sich auf römischen Stil ausgerichtet.

München war seit Jahrhunderten das Ausfallstor aller römischen, gegenreformatorischen Strömungen. Daß der Nationalsozialismus hier hochkam, war vor 1923 eine deutsche Tapferkeit: mitten in die Höhle des Löwen hinein hatte sich der deutsche Protest gewagt. Setzte er sich hier durch, dann war das größte Hindernis genommen. München ist der Schlüsselpunkt der feindlichen Stellungen auf deutschem Boden; so war der Nationalsozialismus anfänglich dagegen vorgestürmt; so hatte München im November 1923 auch seine Hinterhalte gelegt und seine Verteidigung geführt. Ludendorff saß in München als ein trojanisches Pferd, das deutschen Schrecken unter römischen Kohorten verbreitete.

Nach 1923 wurde München für Hitler zur Heimat; es hatte ihn besiegt, und er beugte sich der Entscheidung. Diese Unterwerfung fiel ihm nicht schwer; sie war am Ende doch nur Heimkehr zu seinem eigenen Selbst. Er ist romanisierter Deutscher; gegenreformatorische Instinkte halb wittelsbacher, halb habsburger Färbung trägt er in seinem Blute. Vielleicht war sein Putsch 1923 überhaupt nur eine Verzweiflungstat gewesen, sich von einer Aufgabe zu entlasten, die ihm nicht gemäß war, die ihn bedrückte, weil er sich ihr nicht gewachsen fühlte. Als romanisierter Deutscher kann seine Sendung nicht sein, den deutschen Aufstand zum Erfolg zu führen; gelangte er an dessen Spitze, so würde ihn das geheime Gebot seines Blutes zwingen, sich mit römischem Wesen zu verschwören, wie die Stoßrichtung des deutschen Aufstandes aufzufangen und abzulenken sei.

Das ist Münchens geschichtliche Berufung gewesen, seitdem es besteht: es äußerlich mit dem Reiche, im verborgenen jedoch mit Welschland zu halten. Wer sich in München politisch zu Hause fühlt, ist unter deutschen Gesichtspunkten stets verdächtig. Von München her kann man die deutschen Dinge immer nur so sehen, wie sie sich vom romanischen Raume her ausnehmen. Es war keine geringe Offenherzigkeit, zu der sich Hitler verstand, als er sich endgültig in München niederließ; wer sich auf deutsche Geschichte versteht, mußte von diesem Augenblick an wissen, daß jetzt ein Doppelspiel in Gang kam, dessen Kosten Deutschland zu tragen haben wird. Es ist keine Reichspolitik denkbar, die von München aus geplant werden könnte; von München her gibt es immer nur eine Politik gegen das Reich. Auch vom Braunen Haus her kann man das Reich nicht erneuern; da es in München steht, muß jedes Unternehmen, das dort seinen Ausgang nimmt, dem Reich verderblich werden.

Der Verlauf des Novemberputsches 1923 hatte im Grunde bereits das Gesamtschicksal des Nationalsozialismus vorweggenommen: mobilisierte deutsche Energien im Fehleinsatz zu vergeuden und damit der römischen Überfremdung freies Feld zu schaffen. Gewiß war Hitler 1923 noch reiner Tor, der guten Willens gewesen war; als er aber seinen Frieden mit München schloß, gab er seine Reinheit hin; insoweit er Tor blieb, war er doch ein höchst gefährlicher und verschlagener Tor geworden. Die Faschisierung des Nationalsozialismus war seine Vermünchnerung, faschistischer deutscher Nationalismus ist so lauter und echt, wie bayerische Reichstreue mit dem eigenstaatlichen Vorbehalt es ist. Faschistischer Nationalismus ist nur nationalistische Fassade; hinter ihr versteckt sich ein gebrochenes deutsches Rückgrat. Er ist denaturierter Nationalismus für deutsche Haustiere, die noch darauf halten, den Schein der Wildheit zu wahren.

Das römische Gebot

Der Nationalsozialismus trat vom Festsaal des Münchner Hofbräuhauses aus seinen Siegeslauf über Deutschland an; hier wurde seine innere Form geprägt, die später lebendig sich entwickelte. Die Beifallssalven bayerischer Kleinbürger schenkten Hitler den Mut zu sich selbst; sie salbten ihn zum „Mann des Volkes". Volksmann ist, wer das treffende Wort findet, um zu sagen, was das Volk bewegt. Er ist ein wortgewaltiger Bewegter, kein eigentlicher Beweger; er ist ein Deuter, kein Täter; er ist eine Ausdrucksverkörperung, ein „Exponent", kein Führer. Er läßt erkennen, was im Volke vorgeht; er geht indes dem Volke nicht voran.

Dieser Demokratismus kennzeichnet den Nationalsozialismus von Anfang an; in ihm kündigte sich schon an, wie der Nationalsozialismus seinem inneren geistigen Aufbau nach eine Erscheinung ist, die dem romanischen Zivilisationskreis angehört. Der Nationalsozialismus verstand sich sogleich auf die Stimmung der Massen. Er wußte ihr Rechnung zu tragen, sie zu steigern und auszuwerten, wie sich die katholische Kirche seit jeher darauf versteht. Seine Aufmärsche sind wirksam wie katholische Prozessionen; keine politische Partei bot bisher soviel Wärmendes, Feierliches und Erhebendes für Herz und Gemüt. Der Nationalsozialismus hat, wie die katholische Kirche, Sinn für künstlerisch-ästhetische Reize. Schon mehr als einmal versäumte Hitler, der gelernte Dekorateur, die Wahrnehmung politischer Gelegenheiten, währenddessen er sich in die Lösung propagandistischer Geschmacksfragen verbissen hatte. In München ehrt man die Künste; dem Nationalsozialismus wurde hier die Gabe in die Wiege gelegt, vom Schwabinger Erbe nützlichen Gebrauch zu machen. Das ist nicht die Nüchternheit, Kühle und Strenge des deutschen protestantischen Menschen; diesem liegt an Haltung, nicht an Stimmung. Er mißtraut, wo man sich gehen läßt; er will nicht den Rausch, sondern die Zucht. Die politische Grundtatsache ist für den Nationalsozialismus nach Art der katholischen Auffassung das Volk als natürliche Gegebenheit, für den deutschen protestantischen Menschen aber der Staat als sittliche Leistung. Der deutsche protestantische Mensch weiß, daß sich deutsche Politik nicht von selbst macht, daß die „Stimme des Volks" — man denke an 1848 — vor dem Anspruch deutscher Politik in der Regel zur Phrase wird, daß die räumliche Mittellage Deutschlands ein Höchstmaß an Zwang, an „Kaserne", an „Selbstverzicht", an „Unnatur" fordert, daß deutsche Politik zwangsläufig gegen die Neigungen und die natürlichen Instinkte des „Volkes" verstoßen muß. Ein echter deutscher Politiker wird nie populär sein, solange er sein Werk vollbringt; er kann es bestenfalls nach getaner Arbeit werden, wenn das Volk auf seinen Erfolgen auszuruhen vermag. Wenn deutsche Politik gemacht wird, befinden sich Deutschlands romanisierte Gebiete, Bayern und auch das Rheinland, gewöhnlich im separatistischen Aufruhr; deutsche Politik setzt sich nicht mit ihnen, sondern gegen sie durch.

Der Optimismus des Nationalsozialismus verrät seinen Ursprung: südlich des Mains und auch am Rhein, auf dem alten Legionärsboden und der Pfaffengasse, will man nie den ganzen Ernst der deutschen Lage begreifen. Am Ende hat man dort seit Jahrhunderten die römische oder rheinbündische Ausflucht erprobt. Man nimmt den Staat nicht zu wichtig: Rom ist ewig,

er aber ist Menschenwerk. Deshalb rechtfertigt er nicht, wie Preußen es will, die Unbedingtheit menschlicher Hingabe.

Der Nationalsozialismus verheißt die Freiheit; sobald er zur Macht gelangt, sei der Sieg in Sicherheit gebracht. Dieser Optimismus enthüllt den unpolitischen Charakter des Nationalsozialismus; er ist so unstaatlich und unpolitisch wie süd- und westdeutsches Menschentum es ist, das nie staatsbildend war. Er hat kein Auge für die Schrecklichkeit und Ausweglosigkeit der politischen Gegenwart Deutschlands. Er blickt den furchtbaren politischen Tatsachen nicht ins Gesicht. Vielmehr lenkt er davon ab; er ist eine Fluchtbewegung. In ihm lebt der Schauer vor der Größe des Einsatzes, den die politische Not vom deutschen Menschen verlangt, dieser Schauer, der das ganze bürgerliche Deutschland durchschüttelt. Er bietet einen leichteren Ausweg an: den Glauben an das Wunder. Das Volk, das so viel teuer und lieb Gewordenes dem Leviathan Staat nicht zum Opfer bringen will, flüchtet in den Nationalsozialismus, wie man sonst in seiner Verzweiflung in den Schoß der katholischen Kirche zu flüchten pflegt. Der Nationalsozialismus findet es bequemer, an das politische Wunder glauben zu lassen, als ein ungeheuerliches politisches Schicksal zu gestalten. Hitler wird für die Verzweifelten der Silberstreifen am Horizont. Man gelangt auf Grund einer religiösen Glaubenshandlung aus dem Tributstaat Deutschland in das Dritte Reich. Es ist in uns von dem Augenblicke an, in dem man das nationalsozialistische Mitgliedsbuch empfing. Es verwirklicht sich in dem Maße, in dem das ganze Volk nationalsozialistisch wird. Wer dem Nationalsozialismus nicht beitritt, hemmt seinen Sieg; darum verdient er, totgeschlagen und ausgerottet zu werden.

Nationalsozialistische Politik ist Entscheidung für die rechte Lehre und den rechten Heiland. Das Dritte Reich beginnt mit dem Gerichtstag; die Schafe werden von den Böcken getrennt. Wer nicht den rechten Glauben hat, wird im Dritten Reich verdammt sein. Das Dritte Reich ist weniger eine politische Möglichkeit, als vielmehr eine religiöse Hoffnung: es ist kein irdischer Staat, sondern eine Art Reich Gottes auf Erden. Wenn es zu uns kommen soll, ist es nötig, daß ein nationaler Messias es bringe. Der Nationalsozialismus ist eine Form von nationalem Messianismus; der Messias ist Hitler. Nationaler Messianismus ist jüdischen Ursprungs; seine Ableger trieben im Frankreich von 1789 und im englischen Imperium herrliche Blüten; im Italien Mussolinis schoß er aufs neue kräftig empor. Er ist ein Gewächs des Mittelmeergestades; wo er Wurzel faßt, senkt er zugleich den Geist der Mittelmeerkultur in das Erdreich. Für deutsche Menschen ist er Gift; so süß er ihnen eingehen mag, so büßen sie doch damit, daß sie unter seiner Wirkung sich selbst vergessen, sich selbst verlieren.

Der Demokratismus nimmt despotische Formen an, sobald er in das Bett des nationalen Messianismus einbiegt; das Heil des Gesamtvolkes würde aufs Spiel gesetzt, wenn der Messias gegen Schwachgläubige Milde übte. Man muß Fanatiker der Heilslehre sein, wenn man sich die böswillige Welt zu Füßen legen will. Cromwell war wie der Zorn Gottes, und das Jakobinertum schritt mit Feuer und Schwert einher. Der Faschismus ist die Unduldsamkeit des nationalen Messianismus in seiner gegenwärtigen Erscheinungsweise. Er zeugt keine neue Autorität; er schüchtert lediglich durch Schreckensherrschaft ein.

Der nationale Messias, der sein Gottesreich auf irdische Bedürfnisse einrichtet, wird zum Cäsar. Der Cäsar ist der nationale Messias, der sich die Schätze dieser Welt aneignet, der politischen Erfolg gehabt hat. Der Ort, an dem der Cäsar geboren wurde, war Rom. Cäsarismus ist immer römisch. Das Papsttum, diese Frucht jüdisch-römischer Kreuzung, vereinigt das messianische Element mit dem cäsarischen. Der faschistische Führer ist ein Papst auf der nationalpolitischen Ebene — er ist ein „Nebenbuhler". Daher verträgt sich — bei aller geistigen Verwandtschaft — Mussolini so schlecht mit dem Heiligen Vater und Hitler so schlecht mit Brüning. Der Papst hat die Kraft, für das himmlische Reich zu lösen oder zu binden; der faschistische Führer hat die Vollmacht der Entscheidung darüber, wer des Dritten Reiches würdig, wer seiner unwürdig ist. Es gibt keinen Zugang zu Gott, es sei denn durch das hohepriesterliche Mittleramt. Es gibt keinen Zugang in das Dritte Reich, es sei denn durch den faschistischen Führer, der auch ein Mittler ist. Der Faschismus ist in jedem seiner Züge katholisch. Es ist nicht Zufall, daß Hitler Katholik ist. Es ist ebensowenig zufällig, daß alle maßgeblichen nationalsozialistischen Führer Katholiken sind und daß der preußische Protestant Reventlow ein sehr ausgeschaltetes Dasein in den Außenbezirken politischer Bedeutungslosigkeit spielt. Vielleicht liegt sogar darin noch ein sehr aufschlußreicher Sinn, daß Hitler, der faschistische Papst, unverheiratet ist, wie ein rechter Priester es sein soll.

Man spürt die katholische Atmosphäre, sobald man eine nationalsozialistische Massenversammlung betritt. Keine politischen Losungen werden ausgegeben, Heilswahrheiten werden verkündigt. Der Redner legt nicht Rechenschaft ab und überschlägt nicht die politischen Möglichkeiten, sondern er predigt. Allein der Führer weiß über das Geheimnis des Dritten Reiches Bescheid; er zelebriert das deutsche Befreiungs- und Erlösungswunder. An der Versammlung teilzunehmen, stiftet allein schon den Zusammenhang mit dem Dritten Reich — ähnlich wie die Anwesenheit bei der Messe ein Vorgefühl der mystischen Vereinigung mit dem gegenwärtig Göttlichen erweckt.

In Mainz nahte sich Hitler ein weißgekleidetes Mädchen, kniete sich nieder und überreichte ihm Blumen. Wer für den Nationalsozialismus stirbt, fällt nicht als Soldat, der seine Pflicht tat, sondern als Märtyrer, der für die Wahrheit des Glaubens mit seinem Blute zeugt.

Wo der Nationalsozialismus einbrach, ist man für Preußen und den Protestantismus verloren. Man ist, wenn man erst einmal durch diese Trunkenheit taumelte, nicht mehr, was man vordem war. Die preußische Haltung und die protestantische Strenge bleiben zermürbt zurück. Wer schon Nationalsozialist ist, wird bald auch Katholik sein. Gelegentliche Flüche katholischer Bischöfe gegen den Nationalsozialismus gehören in das Gebiet der römischen Diplomatie: man darf es nicht an Anstalten fehlen lassen, auch solche evangelische Pastoren, in denen noch ein protestantischer Instinkt lebendig ist, auf den nationalsozialistischen Leim zu locken. Der Nationalsozialismus gewöhnt den deutschen Norden und Nordosten an römisches Wesen; er macht anfällig für alles, was von südlich der Alpen und westlich des Rheines stammt.

Der Sturz in die Legalität

Auf dem Boden von Versailles

Das Schicksal jedes schwachen Staates ist von der Gewichtsverteilung der weltpolitischen Machtlage abhängig. Er untersteht den unmittelbaren Eingriffen seiner Nachbarn und muß ständig Ausschau halten, wo er Rückendeckung findet, die ihm gegen die zudringlichsten fremden Einmischungsversuche Beistand gewähren kann. Seit 1918 ist Deutschland ein solch schwacher Staat; seine Politik ist seitdem mehr eine Funktion der Versailler Mächte als eine selbstverantwortliche Äußerung eigener ursprünglicher Kraft.

Der Nationalsozialismus sucht den Rückhalt gegen den Druck der Versailler Ordnung am Italien Mussolinis. Der Blick nach Rom war dem süddeutschen Katholiken Hitler angeboren; die lateinische Geistesform des Faschismus zog ihn an; sie war die schwärmerisch verehrte Vollendung dessen, was in seinem romanischen Wesenselement selbst angelegt war.

Hitlers Verhältnis zu Italien ist nicht politisch, sondern romantisch-religiös. Italien ist begnadetes Land, heiliger Boden, ihm ist das Heil des Faschismus bereits widerfahren — es ist sein Palästina. In Hitlers Blick über die Alpen glimmt der Funke frommer gläubiger Sehnsucht. Er wägt nicht den politischen Wert Italiens; er verehrt das faschistische Italien als Wert schlechthin. Abkehr von Italien hätte hier Abfall vom rechten Glauben, Frevel gegen geweihte Stätten bedeutet. Südtirol ist gewissermaßen das Menschenopfer, das Hitler seinem Gotte schlachtet. Noch ist er nicht an der Macht und vor die Frage gestellt, welchen Preis er Italien für praktische Gegenleistungen bezahlen solle; er sprach den Verzicht auf Südtirol bereits aus, ehe er noch zu politischer Verantwortung berufen war. Die Rückwirkungen solcher voreiligen Verzichterklärung sind utopischer, als es die Rückwirkungen von Locarno waren. Hitler gehört zu Stresemann; was diesem Frankreich war, ist jenem Italien, dieser schenkte Elsaß-Lothringen fort, jener Südtirol. So unreal Stresemanns „Realpolitik" war, so fragwürdig ist Hitlers nationalistische Politik. Beide haben das gleiche Ergebnis: den Verlust teuren deutschen Landes und edlen deutschen Blutes.

Italien ist selbst Nutznießer der Versailler Ordnung; es will deren Revision nur insoweit, als es sich noch einen größeren Beuteanspruch sicherstellen kann. Frankreich ist es nicht gewachsen: durch Jugoslawien wird es lahmgelegt. Es kämpft nur dort, wo es dessen gewiß ist, daß der Bundesgenosse siegt. Auf den Schlachtfeldern heimst es nie Ehren ein; es treibt dort nur Leichenfledderei. Es ist das Vaterland Machiavellis; sein sicherer politischer Instinkt sagt ihm voraus, welche Seite der verheißungsvollste Anwärter auf das Kriegsglück ist. Es ist politisch erfahren genug, um zu sehen, daß es gemeinsam mit Deutschland nicht Politik gegen Frankreich machen kann; günstigstenfalls kann es unter Mißbrauch Deutschlands bluffen. Es blufft, um Trinkgelder herauszuschlagen. Frankreich soll es sich etwas kosten lassen, Italien zu beschwichtigen. In der Regel hält sich Frankreich für das Italien gewährte Trinkgeld an Deutschland wieder schadlos. Gegen Deutschland herrscht zwischen Rom und Paris stets ein geheimes Einverständnis. Auch wenn sie gelegentlich Deutschland gegeneinander auszuspielen trachten, vergessen sie doch keinen Augenblick, daß sie sich am Ende auf Deutschlands Rücken wieder einigen werden. Dem waffenstarken Deutschland war Italien kein verläßlicher Bundesgenosse; dem ohnmächtigen Deutschland wird es das noch viel weniger sein. Es setzte seine Existenz aufs Spiel, wenn es sich verleiten ließe, gemeinsam mit dem entwaffneten Deutschland einen Konflikt mit Frankreich bis zum blutigen Ende durchzufechten; sein heiliger Egoismus bewahrt es vor solchem Wahnwitz.

Von Italien zeigt der Weg nach England; wer sich mit Italien gut stehen will, muß sich zuvor mit London verglichen haben. Der Dreibund Deutschland—Italien—England ist Hitlers außenpolitische Dichtung; das englische Pathos steuerte Alfred Rosenberg bei, der als vertriebener Balte seine Rechnung mit Rußland begleichen möchte, indem er sich — und Hitlers Partei — an England fortwirft. Die nationalsozialistische Außenpolitik ist kein Ergebnis kühler politischer Erwägung. Sie ist ein Gefühlsausbruch: in ihr strömen sich Hitlers ererbte römische Benommenheit und Rosenbergs auf Eis gelegtes antirussisches Rachebedürfnis aus.

Englands Kraft ist gebrochen. Frankreich würde einen deutsch-italienisch-englischen Dreibund unverzüglich damit beantworten, daß es an die Grundmauern des britischen Imperiums Dynamit legte. Es entzündete bösartige Aufstandsbewegungen unter Englands unterdrückten Völkern: es hätte für dieses Werk Geld und Agenten in Fülle. Die englischen Konservativen fahren seit 1918 im französischen Kielwasser. Sie haben es in der Witterung, daß es ein frivoles Spiel mit dem englischen Dasein wäre, Frankreich herauszufordern, solange es im Besitze seiner gegenwärtigen Machtmittel ist.

Die nationalsozialistische Außenpolitik findet keinen Ansatzpunkt, von dem aus die weltpolitischen Machtverhältnisse umgestürzt werden könnten. Darum hat der Nationalsozialismus keine außenpolitische Stoßkraft; er ist unfähig, ein weltpolitisch wirkendes Element zu sein. Er steht hilflos und ratlos vor der Versailler Ordnung; die Staaten, auf die er sich stützen will, enthüllen sich, sobald sie ins Wanken gerät, immer wieder als Verteidiger dieser Ordnung. Es gelingt ihm nicht, sie an der Kehle zu packen; darum packt sie ihn und zwingt ihn in ihre Dienste. Sie macht ihm begreiflich, daß er in Deutschland nicht zur Regierungsmacht gelangt, wenn er sie nicht bestätigt, wenn er sie nicht als seinen gesetzlichen Boden anerkennt, wenn er nicht, um es kurz zu sagen, die Überlieferung Stresemanns fortsetzt. Schon sieht man deutlich, wie dem Nationalsozialismus die innerpolitische Regierungsgewalt wichtiger ist als Deutschlands außenpolitische Befreiung. Hitlers Reden an das Ausland verfolgen die Absicht, seine Harmlosigkeit und Ungefährlichkeit vor der Welt auszuweisen. Frankreich prüft bereits, inwieweit es sich mit Hitler einlassen und welche Bedingungen es ihm vorlegen soll. Daß er sie erfüllen werde: daran zweifelt in Paris und unter Kennern auch in Deutschland kein Mensch mehr.

Die Versailler Ordnung ist das Gesetz, das die romanische Welt Mitteleuropa auferlegt hat. Wer selbst unter der Regel des romanischen Wesens steht, kann nicht gegen Versailles rebellieren. Er wird zuletzt selbst dieser völkerrechtlichen Einrichtung der romanischen Ordnungsgewalt eingegliedert; er verfällt ihr, weil er ihrem Geiste verwandt ist. Der faschistische Nationalsozialismus ist keine Auflehnung gegen Versailles, sondern der Schatten, den die romanische Übermacht über den deutschen Protest wirft.

Gendarm des Abendlandes

Bolschewismus ist Revolution gegen das Abendland als Dauerzustand; das bolschewistische Rußland ist das umstürzlerische Kraftfeld, vor dem die Versailler Ordnung schmählich zuschanden wird und das Versailles, herausfordernd, eine Gegenordnung entgegensetzt. Gegen die Sowjetunion steht Hitler mit allen abendländischen Mächten in einer Front. Angesichts der gegenwärtigen Weltlage kann man nur entweder die Versailler Ordnung oder die bolschewistische Ordnung in Frage stellen; wer gegen die eine von beiden schlägt, verteidigt auch schon die andere. Wer an den geistigen Werten, den zivilisatorischen Gütern des Abendlandes hängt, gehört zu Versailles; er gibt Deutschland preis, um diese Werte und Güter nicht zu gefährden. Er ist ein Überläufer, mag er sich gleich auf eine „konservative Synthese" etwas zugute tun, die Abendland und deutschen Nationalismus „in einer höheren Einheit verbindet".

Hitlers Boden ist das Abendland. Seine Außenpolitik sucht bei Versailler Nutznießerstaaten Hilfe; er kommt aus dem Versailler Kreis nicht heraus. Für ihn gibt es keinen Standort jenseits von Versailles. Der Sinn seiner Außenpolitik ist: aus den verwandtschaftlichen Spannungen, die zwischen Frankreich hier, England und Italien dort bestehen, für Deutschland einige kleine Vorteile herauszuschlagen. Seine Außenpolitik ist nicht nationalpolitische Strategie, sondern Familienintrige. Hitler ist bloß ein abendländischer Querulant, der den Gevattern bestenfalls auf die Nerven fällt — kein Revolutionär, der einen Weltzustand umwälzt.

Das Abendland kannte stets das beklemmende Grauen vor dem, was nördlich der Donau und östlich der Elbe liegt. Gegen diese „chaotische Welt" führt es, seit Karl dem Großen, immer „Kreuzzüge". Die Kreuzzugsidee ist durchaus lateinischen Ursprungs. Insgeheim haben das die Deutschen immer gefühlt; die deutschen Kaiser versuchten in der Regel, sich mit Anstand von der Erfüllung ihres Kreuzzugsgelübdes zu drücken.

Auch der Weltkrieg war als Kreuzzug gegen die Deutschen angelegt gewesen. Dieser Kreuzzug hatte Erfolg gehabt. Deutschland ist zum „Westen", zum Abendland „bekehrt". So sehr ist es bekehrt, daß es nunmehr nicht an deutschen Abendländern fehlt, die für ihren Teil zu einem Kreuzzug gegen die „Heiden im Osten" aufgerufen werden wollen. Erzberger war zu einem solchen Gelübde schon im Wald von Compiègne bereit: wenn Foch gewollt hätte, hätte er den Abendländer Erzberger sogleich als Kreuzfahrer in Marsch setzen können.

Hitler ist Erzbergers Nachfahre; er ahnt nicht, wie sehr er auch erzbergert. Er bietet deutsche Landsknechte aus, wie das um kein Haar weniger würdelos einst Erzberger getan hatte. Katholische Instinkte und habsburgische Nachklänge befeuern Hitlers Bolschewistenhaß, der in Wahrheit nur verdeckter Rußlandhaß ist. Vom romanisierten süddeutschen Raum aus hat man noch nie die Bedeutung Rußlands für Deutschlands staatliches Schicksal begriffen; man muß fast schon ein preußischer König oder ostelbischer Junker sein, um hier zu verstehen. Sogar als preußischer König darf man noch nicht vom westlichen Liberalismus angefressen sein: der liberale Geist verträgt sich nicht mit — Rückversicherungsverträgen.

Versailles ist für Deutschland unvergleichlich verderblicher, als es der „Bolschewismus" ist. An Versailles verblutet die deutsche

Volkssubstanz, Versailles ist der deutsche Tod überhaupt. Insoweit der Bolschewismus wirklich ein Gift ist, versagt seine Giftwirkung vor der inneren Selbstbehauptungskraft der deutschen Wesenheit, die gegen das Slawisch-Asiatische je und je widerstandsfähiger war als gegen das Romanische. Am Ende würde „deutscher Bolschewismus" auf einen Machiavellismus hinauslaufen, mittels dessen Deutschland das Abendland wirksam zugrunde zu richten vermöchte.

Antibolschewismus ist eine soziale, keine politische Stellungnahme: man bangt um seinen Besitz, nicht um sein Vaterland. Versailles hingegen ist das Politische an sich; nur wer unbedingt gegen Versailles steht, verhält sich ausschließlich politisch. Wo man allzu laut gegen den Bolschewismus lärmt, will man verbergen, daß man mit Versailles bereits Worte geheimen Einverständnisses tauscht.

Hitlers heftiger Antibolschewismus deutet darauf hin, daß er in Versailles gar nicht den eigentlichen Feind sieht. Wenn er nach Waffen und Uniformen ruft, so geschieht das nicht, um Soldat gegen Versailles, sondern um Gendarm des Abendlandes gegen den „Bolschewismus" sein zu dürfen. Er will keinen Krieg gegen Versailles; er meldet sich zu einer Polizeiaktion gegen Rußland. Er will nicht die Versailler Ordnung umwerfen, er will sie bis zum Ural oder gar bis zu Gestaden des Stillen Ozeans vortragen. Nur ein schäbiger Sold freilich, nicht aber die deutsche Freiheit, ist auf diesem Wege zu gewinnen.

„Deutscher" Sozialismus

Kleine verkümmerte Menschen hatte Hitler einst hoffen lassen, daß er ihrer geheimen sozialen Erlösungs- und politischen Befreiungssehnsucht zunächst Worte, schließlich Erfüllung schenken werde. Das erste, was er ihnen reichte, war Feders „Brechung der Zinsknechtschaft", die lediglich ein bestechender, aber bescheidener Einfall, kein umfassender revolutionärer Feldzugsplan war. „Sozialismus" war von jeher eine Hoffnung schlecht weggekommener gequälter Bevölkerungsschichten; Hitler rief die Federsche Erfindung als „deutschen" Sozialismus aus. Dieser Sozialismus erschreckte die bürgerliche Gesellschaft nicht und beschwichtigte zugleich die, welche viele Gründe hatten, mit ihr unzufrieden zu sein. Den Besitzenden tat er nicht weh; soweit sie unruhig wurden, machte er schleunigst den Unterschied zwischen „raffendem" und „schaffendem" Kapital, wobei es am Ende keinen reichen Mann mehr gab, dem es verwehrt worden wäre, sich dem „schaffenden" Kapital zuzurechnen. Den Nichtbesitzenden schenkte er den lindernden Trost eines sozialen Heilmittels, das in Kürze ihre Wohlfahrt heben und den wirtschaftlichen Auswüchsen beikommen werde. So verdarb dieser Sozialismus nichts; er brach keine Brücke ab. Er war ein durchaus sozialpazifistisches Element. Es war kein kämpferischer Zug in ihm, so tosend er auch in den massenerfüllten Sälen brandete. Er war nur laut, nie kriegerisch. Den Klassenkampf wiegelte er zielbewußt ab; er legte es sichtbar darauf ab, den sozialen Kampfwillen der niederen Schichten zu lähmen. Echter sozialer Kampfwille sollte sich geradezu in dem Lärm, den der „deutsche" Sozialismus in seinen Massenversammlungen verursachte, verbrauchen. In den Jubelstürmen, die durch Hitlers Beschwörungen herausgefordert wurden, lösten sich seelische Spannungen, die sich andernfalls in Stürmen gegen die Bastionen der bürgerlichen Gesellschaft Luft gemacht hätten.

Die politisch und gewerkschaftlich geschulte Arbeiterschaft erfaßte diesen Sachverhalt schon frühzeitig. Sie hielt sich zurück und war voll Mißtrauen und Vorsicht. Sie empfand, daß dieser pazifistische Sozialismus den Besitzenden nichts nahm und den Besitzlosen nichts gab als leere und hohle Versprechungen. Sie sah voraus, daß der „deutsche" Sozialismus bestenfalls auf einige sozialtechnische Maßregeln hinauslief, die den bestehenden Zustand nicht wesentlich änderten, sondern ihn nur künstlicherweise in eine andere Beleuchtung rückten. Hier kündete sich keine bessere Wirklichkeit an, hier sollte man mit trügerischem Schein abgespeist werden.

Demgemäß blieb Hitlers Werbung unter der Arbeiterschaft ohne bemerkenswerte Erfolge. Er brach nicht in die Stellungen des „Marxismus" ein; sie blieben für ihn uneinnehmbar.

Es waren insbesondere kleine Bürger oder verbürgerlichte Existenzen, die in Hitlers Bann gerieten. Ihr Glück hatte bisher gerade das ausgemacht, daß sie auf „gehobenem Fuße" leben, daß sie „Stehkragen" tragen durften. Dies Glück stand auf dem Spiel oder war bereits verloren. Sie waren voll Bitterkeit und wußten sich keinen Rat mehr. Mißgünstig blickten sie auf den sozial Höherstehenden, der den Unbilden der Zeit noch nicht erlegen war; es nagte an ihrem Herzen, daß irgendwo noch Wohlstand zur Schau getragen werden konnte, während sie ihrer kleinen Geborgenheit verlustig gegangen waren. Auf den Arbeiter sahen sie mit Neid; die Sozialversicherung griff ihm unter die Arme, und sein Lohn war tariflich geschützt; seine Staatsnähe brachte ihm zudem noch allerlei Vorteile. Als „deutsche Sozialisten" wollten sie nach zwei Fronten operieren. Ihr „Sozialismus" sollte die besser Begünstigten des Schicksals ängstigen; der Gedanke daran, daß es jemanden gebe, der vor ihnen erzittere, stärkte wohltätig ihr Selbstgefühl. Die „deutsche" Betonung ihres Sozialismus aber zog den Trennungsstrich gegen die Arbeiter; es war eine bessere, vornehmere Art von Sozialismus, wie es sich für sie gebührte. Es war ein „n a t i o n a l e r" Sozialismus; darin schwang der Patriotismus der Veteranen- und Kriegervereine, der Kaisergeburtstagsfeiern nach. Auch als „Sozialist" bestand man noch auf seinem höheren Rang: als „nationaler" Sozialist war man A u s l e s e, als internationaler Sozialist hingegen war man U n t e r m e n s c h.

Die große Zeit des Nationalsozialismus beginnt nach den Inflationsjahren; da stellt sich gescheitertes Kleinbürgertum haufenweise ein. Es bringt Gefühle giftiger Vergeltungssucht mit: dieser Staat, der seine Bürger so bestahl, soll es noch büßen. Die empörten Kleinbürger sind auf dem Wege der Rebellion gegen Staat und bürgerliche Gesellschaft; sie leisten Hitler Gesellschaft, weil sie ihn für einen Rebellen halten. Bisher sind sie immer harmlose Untertanen gewesen; ihnen imponiert bereits die bloße Gebärde des Revolutionärs. Revolutionärem Ernst würden sie sich entziehen; dazu wären sie doch nicht beherzt genug. Hitler, seine Haltung, seine Lehre: das alles ist auf diesen Kleinbürger zugeschnitten. Das ist Ballen der Fäuste, Rollen der Augen, donnernder Ingrimm ohne den Zwang, auf die Probe gestellt zu werden. Hinter den Gefühlsexplosionen verbirgt sich der Mangel der Tatentschlossenheit. Da bringt kein klar, scharf und herausfordernd hervorgekehrtes Ziel zum Bewußtsein, daß man sich auf eine lebensgefährliche Sache eingelassen habe. Die Nebelhaftigkeit der Zukunftsforderungen hindert niemanden zu glauben, daß die Bewegung zwar die bestehenden Zustände ändern werde, daß sie es jedoch auf eine Weise tue, bei der wenig Risiko liegt, daß sie förmlich über ein Geheimnis verfüge, das Dritte Reich ohne Einsatz zu erlisten.

So wurde Hitler gewissermaßen zum weithin schallenden Sprachrohr eines kleinbürgerlichen Seelenzustandes; jeder entwurzelte Kleinbürger fühlte sich bis in die dunkelsten Herzensfalten hinab durch ihn gedeutet. Die nationalsozialistische Bewegung wurde zum Unterschlupf, in dem die deutsche Kleinbürgerseele den ausschweifendsten Träumen ihrer Verzweiflung nachhängen und sich doch zugleich ihrer Hasenherzigkeit überlassen durfte. Hitler hat für sich den Rubikon nicht überschritten; er schenkt die beruhigende Gewißheit, es seiner Gefolgschaft zu ersparen, je den Rubikon überschreiten zu müssen.

Hitler ist ein Außenposten der bürgerlichen Gesellschaft; aber er gehört noch immer dazu und will es auch gar nicht anders haben. Er strebt so wenig von ihr fort, wie es im Ernste der Kleinbürger tut. Wie sehr dieser der bürgerlichen Gesellschaft auch zürnen möge, so bleibt es trotz allem sein heimlicher Stolz, ihr zugerechnet zu werden. Der letzte Grund seiner Erregtheit ist nur, daß es ihm die bürgerliche Gesellschaft so schwer macht, sich innerhalb ihres Rahmens zu behaupten. Hinter seinem Marxistenhaß steckt die Angst vor dem Schicksal, dem er nicht entgehen wird; er verabscheut das proletarische Sein wie der Verurteilte das Gefängnis, das bereits seine Tore für ihn geöffnet hat. Der Nationalsozialismus ist ein Strohhalm, an den sich der Kleinbürger klammert, um nicht im antibürgerlichen Sozialismus zu ertrinken; er ist kein Ausbruch aus der bürgerlichen Gesellschaft, sondern eine äußerste Anstrengung, in ihr verharren zu können. Er kämpft nicht gegen sie; er kämpft nur in letzter Stunde für den Kleinbürger um einen Platz in ihr. Schlimmstenfalls ist der Nationalsozialismus ein Erpressungsversuch: er malt den Teufel an die Wand, um die bürgerliche Gesellschaft zu bewegen, dem Kleinbürger Gnade zu erweisen. Er will sie erhalten, um auch noch von ihr zu profitieren; er will sie nicht zerstören. Daher springt er in dem Augenblick, in dem ein echter Gegner auftritt, sogleich zu ihrem Schutze herbei. Hier liegt die soziale Wurzel seiner Feindschaft gegen Kommunismus und Bolschewismus.

Die bürgerliche Gesellschaft durchschaut das und setzt den Nationalsozialismus demgemäß in ihre Rechnung ein. Sie würdigt es, daß Hitler die Kleinbürger noch an die bürgerlichen Werte bindet, während ihnen die bürgerlichen Existenzgrundlagen schon unter den Füßen fortgezogen sind. Seinen Sozialismus betrachtet sie als ein unausweichliches Zugeständnis, das Hitler machen muß, um sich das Vertrauen der absinkenden Kleinbürgerschicht zu erhalten. Hitlers Aufgabe ist, zu verhindern, daß diese Schicht in das antibürgerliche Lager abgleitet. Insoweit er diese Aufgabe erfüllt, genießt er Ehrung und sonstige Unterstützung.

Der Nationalsozialismus lenkt die Empörung der untergehenden Kleinbürger von den wirklichen Urhebern ihres Elends ab. Die Schuldigen an Inflation und Inflationsenteignung waren Stinnes, Luther, Stresemann, Schacht gewesen; der Nationalsozialismus lehrt die Geschädigten, ausschließlich dem Marxismus zu fluchen. So werden die Opfer irregeführt; zu guter Letzt bewähren sie sich noch als Schutzgarde für die Schuldigen ihres persönlichen Unheils. Solch verwirrter Widersinn ist Hitlers Leistung: daß verblendete Kleinbürger, denen die

Wirtschaftspolitik der bürgerlichen Gesellschaft alles nahm, danach gieren, ihre Rache im Blute armer, von der gleichen Gesellschaft schamlos ausgeplünderter Arbeiter zu kühlen.

Die moderne bürgerliche Gesellschaft ist die letzte Erscheinungsform des Abendlandes; die bürgerliche Zivilisation ist erfüllt von den Ausstrahlungen romanischen Ordnungsgeistes, romanischen Lebensgefühls, romanischer Weltschau, romanischer Humanität.

Hitler ist durch seine Herkunft an die bürgerliche Gesellschaft gebunden. Österreich ist wie Bayern stets römisches Glacis gegen Germanen und Slawen gewesen; beide stellten die germanischen Hilfslegionen, die in römischen Dienst getreten waren und gegen germanische Aufstände Wache hielten. Der Führer, der in diesen Gebieten Truppen sammelt, vernimmt aus der Tiefe seines Instinkts immer einen geheimen römischen Auftrag: für Hitler lautet er, der bürgerlichen Gesellschaft auf deutschem Boden zu Hilfe zu kommen. Hitler ist die letzte Hoffnung der bürgerlichen Welt in Deutschland. Er warb die Meutererhaufen an, die im Begriffe standen, aus der bürgerlichen Gesellschaft auszubrechen; sie leisteten ihm Gefolgschaft, als er den Anschein erweckte, sich selbst mit Meutererabsichten zu tragen. In Wahrheit verleitete er sie dazu, ihre Wut an Unschuldigen auszulassen; es gelang ihm, sie gegen die wirklichen Feinde der bürgerlichen Gesellschaft, die eigentlich Bundesgenossen hätten sein müssen, zu hetzen.

Ähnlich hatten sich seit jeher Kleriker an die Spitze von Bewegungen gestellt, aus denen der katholischen Kirche hätte Schaden erwachsen können: sie fingen diese Bewegungen für die katholische Kirche auf. Im Falle Luther hatte die Kirche einmal die nötige Vorsicht außer acht gelassen gehabt. Immerhin aber war trotzdem frühzeitig in Rom der Vorschlag aufgetaucht, Luther zum Kardinal zu ernennen. Der Vorschlag war überhört worden; es kam der Kirche teuer genug zu stehen. Hitler wurde noch zur rechten Stunde zum Kardinal der bürgerlichen Gesellschaft erhoben; die Wirtschaftsführer waren flink genug gewesen und hatten nicht gespart. Seitdem übt er die Methode des Rebellen, um die legitime bürgerliche Sache zu retten. Das ist sein sozialer Jesuitismus, der keinem, der feine Geruchsnerven hat, verborgen bleibt. Sein „nationaler" Sozialismus ist die zeitgemäße Schutzfärbung des erschütterten Kapitalismus; der Kapitalismus bedient sich ihrer, damit er in den Reihen seiner natürlichen Feinde Eingang finde, um sie entwaffnen zu können.

Die Tragödie deutscher Jugend

Was schließlich der nationalsozialistischen Bewegung ihre ganz besondere Schwungkraft und ihre verheißungsvolle politische Gewichtigkeit verlieh, war das, daß sie das Vertrauen der Nachkriegsjugend gewann. In dieser Jugend leben empörerische Kräfte, die an die Grundlagen alles Bestehenden, aller überkommenen Ordnungen rühren. Niemand hat Zugang zur Haltung der Nachkriegsjugend, der nicht ihre ganz außerordentliche Lage begreift. 1918 bedeutet einen Bruch im deutschen Geschichtsverlauf von wahrhaft unermeßlicher Tragweite; was nachher kam, hat kaum noch einen Zusammenhang mit dem, was vorher war.

Die Vorkriegsgeneration wurde in Zeiten deutscher Größe, deutscher Weltgeltung geformt; die Frontgeneration war von diesen Zeiten noch berührt. Wohl spüren diese beiden Generationen Deutschlands heutige Ohnmacht; sie erfassen aber nur unzulänglich deren Folgenschwere. Sie tragen in sich noch das Gedächtnis an eine glanzvolle Vergangenheit, die einst ihr persönlicher Lebensinhalt gewesen war. Die demütigende Gegenwart erscheint ihnen als wüster Traum, als furchtbarer, immerhin aber vorübergehender Schicksalsschlag. Das verflossene Deutschland gilt ihnen immer noch als das eigentliche Deutschland, von dem sie nicht bezweifeln, daß es sich über kurz oder lang wieder in alter Kraft und Herrlichkeit aus dem Staube emporrecken werde. Sie nehmen die Gegenwart nicht endgültig; ihnen ist es, als lebten sie in einem vorläufigen Zwischenzustand. Sie finden inneren Halt an der gläubigen Erwartung baldiger Rückkehr einer dahingeschwundenen besseren Zeit. Der immer wieder betrogene Optimismus der deutschen Außenpolitik seit 1918 findet hier seine Erklärung.

Unvergleichlich anders sind die Lebensvoraussetzungen des Nachkriegsgeschlechts. Dessen Grunderlebnis ist das Deutschland der Ohnmacht, der außenpolitischen Abhängigkeit, der Wehrlosigkeit. Die Herzen dieser Jugend wurden niemals durch die unmittelbare Anschauung eines großen und stolzen Daseins ihres Vaterlandes ergriffen und ausgeweitet. Politische Bitternis, soziales Elend, wirtschaftlicher Verfall waren für sie selbstverständliche, stets gegenwärtige Bestandteile ihrer Erfahrungswelt gewesen. Das Vorkriegsdeutschland war für sie eine geschichtliche Erinnerung, die in einer Reihe steht mit den Erinnerungen an das Reich Ottos I., Friedrich Barbarossas, an den Staat des unvergleichlichen, großen preußischen Friedrich. Tadelte die alte Generation diese „historische" Einstellung der Jugend zum Bismarckreich, mochte es wohl geschehen, daß ihr mit grausamen Fragen geantwortet wurde. Lag nicht in eurer Hand das Schicksal jenes Reiches? Habt nicht gerade ihr dies Reich verspielt? Woher nehmt ihr den Mut, euch auf dem politischen Schauplatz noch anmaßend zur Geltung zu bringen? Wielange habt ihr noch die Stirn, euch von dem Unheil, das ihr angerichtet habt, nicht bedrückt zu fühlen? Habt nicht ihr den Krieg schlecht vorbereitet, unzulänglich geführt und schließlich verloren? Wagtet ihr nicht nach dem Kriege, mittels einer hochstaplerischen Finanz- und Anleihepolitik auch noch die Zukunft des deutschen Volkes zu verschleudern? Wart ihr nicht beim Abschluß des Youngplans sogar auch noch verrucht genug, ungeborene Geschlechter qualvoller Tributfron auszuliefern?

Im Grunde genommen ist das Werk und Erbe der alten Generation nur ein Trümmerfeld; ihre Leistung ist ein grenzenloses Chaos. Darum setzt diese Generation ihren Anspruch auf Würde und Autorität dem Nachkriegsgeschlecht gegenüber nicht mehr durch; er läßt sich durch die Summe ihres Daseins, die ein Zusammenbruch ist, nicht rechtfertigen. Die Ehrfurchtlosigkeit der modernen Jugend ist ein Widerschein des Bankrotteurtums der alten Generation.

Maßlos seufzt das Nachkriegsgeschlecht unter den Folgen dieses Bankrotts. Die jungen Männer aller Volksschichten, junge Juristen, Lehrer, Angestellte, Arbeiter sehen jegliche Türe vor sich zugeschlagen. Die entsetzliche Gewißheit eines verlorenen Daseins knickt in ihnen den himmelstürmerischen Mut, zertritt das Feuer jugendlichen Tatendrangs. Ihre Schwingen werden gebrochen, noch bevor sie sich zum ersten Fluge anschickten. Wo sie dem Gesetz der Natur gemäß noch träumen sollten, das Unmögliche zu vollbringen, verzweifelten sie bereits an sich und der Welt. Sie sehen keine Bahn mehr offen, sie sehen ihre Zukunft verbaut. Während Greise noch regieren, begannen sie — in Umkehrung aller Dinge — zu resignieren. Sie hoffen nicht mehr auf „ihre" Zeit; es gibt keine Zeit mehr, die nach ihnen ruft. Sie stehen unter dem Druck der Erfahrung, daß man ihrer nicht bedarf, daß sie fortgeworfen sind, bevor sie überhaupt erprobt wurden. Ein Vaterhaß unheimlichsten Ausmaßes speichert sich auf: um alles sehen sich die Söhne durch ihre Väter betrogen: um ihre Aussicht auf Brot, um die Möglichkeit der Familiengründung, um die Bewegungsfreiheit zu schöpferischem Werk, um den Lebensraum schlechthin, um den Glauben an eine Sendung überhaupt.

Das reißt zwischen den älteren Generationen und dem Nachkriegsgeschlecht eine Kluft auf, die unüberbrückbar ist. Die Jugend ist mißtrauisch gegen die Überlieferung, die den Alten noch heilig ist: was kann eine Überlieferung aus den Händen solcher Väter schon wert sein? Konservativismus wird für diese Jugend zum hohlen Schwindel; aus dem Vatererbe gibt es nichts mehr, was sich lohnte, noch bewahrt zu werden. Die geistige Hinterlassenschaft des Vorkriegdeutschlands trägt vielfältige Spuren des Glanzes einer verblichenen Epoche —; eben dieser Nachglanz hindert das Auge, die trostlose Wirklichkeit in ihrer erschütternden Tragik zu sehen; die ganze Hinterlassenschaft wurde unwahr, wurde zum faulen Zauber. Das Los der Nachkriegsjugend ist Unsicherheit der Existenz, Besitzlosigkeit. Das Lob des freien Besitzes klingt ihr entweder wie der Ton aus einer fremden Welt oder wie eine freche Verhöhnung. Sie gewahrt den Verwesungsgeruch der Besitzbürgerideale. Sie hat damit nichts mehr gemein; sie „fällt darauf nicht mehr herein". Was gehen sie die Sorgen geängstigter Privateigentümer an? Jeder Privateigentümer ist ein Rückstand aus einer Welt, die nicht mehr die Welt dieser Jugend ist.

Deutschland stürzte 1918 in eine proletarisch-koloniale Situation. Die alte Generation ist heute noch zu feige, sich diesen Sachverhalt offen einzugestehen, geschweige denn, daß sie gegen sich selbst streng und hart genug wäre, Folgerungen aus dem Sachverhalt unerbittlich zu ziehen. Die Nachkriegsjugend erfaßt die Situation und rüstet sich, deren Konsequenzen auf sich zu nehmen. Sie weiß sich ausgestoßen, unterdrückt, ausgebeutet, um ihr Lebensrecht geprellt; sie gerät in die Stimmung, daß sie „nichts mehr zu verlieren habe als ihre Ketten". Sie trägt eine Haltung der Voraussetzungslosigkeit und Bindungslosigkeit zur Schau, die der älteren Generation Schrecken einflößt. Ihr ist eine ganz andere Werthaltung eigen; insgeheim verachtet sie bereits die Güter der Zivilisation, des Fortschritts, der Humanität; sie zweifelt an der Vertrauenswürdigkeit der Vernunft und erschaudert nicht vor einer Barbarisierung des Lebens. Ihr Radikalismus greift zutiefst an die Wurzeln; ihr ist die Opposition kein übermütiges Spiel mehr, mit dem man sich ehedem vergnügt haben mußte, bevor man den behüteten Weg der sorgsam vorgezeichneten Karriere betrat. Sie will Umsturz; sie trägt sich mit katilinarischen Neigungen und Absichten. Sie geht zu den extremen Parteien, nicht um den Jahren ihrer Unreife den gebührenden Zoll zu entrichten, sondern um Ernst zu machen. Sie sagt „Sozialismus" und meint damit nicht das leere Lippenbekenntnis zur marxistischen Lehre, sondern den entschlossenen Aufstand gegen die bürgerliche Welt. Da die Wirtschaft ihr keine Aussichten mehr bietet, betrachtet sie die Wirtschaft nicht mehr als ihr Schicksal. Die Besitzlosigkeit ist ihr keine ausgesprochene wirtschaftliche Kategorie mehr; wer tiefer blickt, erkennt, wie diese Jugend beginnt, ihre Armut in eine Art preußische Tugend umzudeuten: dem Kämpfer steht es wohl an, durch keine Habe belastet zu sein.

Diese Jugend hat sich dem schwankenden Boden, auf dem sie steht, den unsicheren Verhältnissen, in denen sie existiert, innerlich angepaßt. Sie lebt von der Hand in den Mund. Der satte, vorschauende und rechnende Lebenszuschnitt der bürgerlichen Zeit ist ihr weltenfern. Ihre Lebensbahn läuft ständig am Rande des Abgrunds entlang: sie hat sich seelisch darauf eingerichtet, ohne Pathos gefährlich zu leben.

So ist sie menschlicher Rohstoff, der zu allem und jeglichem fähig ist, im Guten wie wohl auch im Schlimmen.

In der nationalsozialistischen Bewegung suchte diese Jugend ihre Erfüllung. Hier gedachte sie sich zum Kampfe gegen die alte Welt zu formieren; hier weihte sie sich dem Rebellentum gegen die Ordnung von Versailles, dem Kriegertum gegen die Mächte, die Deutschland 1918 ein fremdes Gesetz aufzwangen. Daß ein Opferdienst von ihr gefordert wurde, berauschte sie mit einem stolzen Selbstgefühl. Äußerste Einsätze und gefährlichste Wagnisse waren an sich schon Elemente ihres täglichen Lebensstils; jetzt war sie zu jeder Stunde zu sterben bereit.

Es war beste deutsche Jugend, bestes deutsches Menschentum überhaupt, das sich hier zusammenfand. Gerade mit Rücksicht auf die Güte der vorhandenen menschlichen Substanz hatten SA. und SS. unabhängig von der politischen Ausrichtung und Funktion einen inneren für sich selbst bestehenden Rang. Dieser jugendliche menschliche Bestand war es, der die Bewegung mit Glanz und Feuer übergoß; er hauchte ihr den heißen Atem ein und verlieh ihr die leidenschaftliche, fast unwiderstehliche Sieghaftigkeit. Die Bewegung schrieb sich selbst das gut, was das Verdienst ihres jugendlichen Zustroms war. Sie hatte ein Recht dazu, solange sie die organische Gestalt des dunklen jugendlichen Wollens war, solange sie gewissermaßen das jugendliche Weltgefühl, die jugendliche Lebensschau und Willensspannung in die marktgängige Sprache der Politik übersetzte, solange also ihre praktische Wirksamkeit im Einklang mit der Wesenshaltung dieser Jugend stand.

Jene Jugend war im Aufstand gegen die alte Welt. Das „Dritte Reich" war für sie der Inbegriff der neuen Welt. Sie deutete die nationalsozialistische Bewegung als das marschierende Heer, das die alte Welt zertrümmern und die neue Welt aufbauen werde. Ihr tiefer ungebrochener Glaube heftete sich an die Fahne der Bewegung.

Dieser Glaube war mächtig genug, um auch auf die verwegenste Probe gestellt werden zu dürfen. Als sich die nationalsozialistische Bewegung auf den Parlamentarismus einließ und sich zu Koalitionsverhandlungen und Koalitionsregierungen verstand, kam er noch keineswegs ins Wanken. Gewiß sind Parlamentarismus und Parteikoalitionen Einrichtungen der alten versinkenden Welt. Aber die vertrauensstarke Jugend zweifelte nicht daran, daß es sich hier nur um pfiffige Taktik, um kecke Kriegslisten handle, um der alten Welt von innen her beizukommen. Nur wenige wurden bedenklich; lediglich die Stennes-Revolte brach aus dem Grunde einer erschütterten Gläubigkeit empor.

Was allerdings eine pfiffige Taktik und eine kecke Kriegsmaßnahme zu sein schien, erwies sich am Ende als ein schmutziges Verhältnis und ein hinterhältiger Pakt. Das „Dritte Reich" war ähnlich eine fälschende Vorspiegelung wie der „Nationalismus" und der „Sozialismus" der Bewegung es gewesen waren.

Es gibt ein Merkmal, durch das sich der trügerische Hintersinn verrät: schon wird das Dasein der SA. und SS. als peinlich und unbequem empfunden. Allmählich sucht man diese kampfeslüsterne Mannschaft zu „zivilisieren". Das Uniformverbot kam Hitler sehr gelegen: es gewöhnt die ungebärdigen, streitbaren Haufen an den bürgerlichen Stil — aber Hitler steht außerhalb der Verantwortung. Er darf aufgeregt protestieren, wo ihm ein schwerer Stein vom Herzen fiel.

Der Hitlersche „Nationalismus" ist die deutschtümelnde Haut des Romanismus; deutsche Toren sollen zur Sorglosigkeit verführt und in welsche Fallgruben gelockt werden. Der Hitlersche „Sozialismus" war ein Taschenspielerkunststück der kapitalistischen Ordnung; die Rebellen vergaßen über ihrem Erstaunen den Kampf. Das „Dritte Reich" war die Schminke, die sich die alte Welt auflegte, um Reize einer neuen Welt vorzutäuschen. Hier wurden völkisch Erwachende, dort wurden antikapitalistische Umstürzler, da schließlich wurde begeisterte Jugend genarrt und für den Dienst von Mächten mißbraucht, denen sie Tod und Verderben geschworen gehabt hatten.

Wo die nationalsozialistische Bewegung etwas ins Werk setzt, unterläuft eine Unredlichkeit; sie verwendet neue Schläuche, um alten verdorbenen Most an den Mann zu bringen. Sie verteidigt eine morsche Vergangenheit in der Sprache der Zukunft. Ihre Verheißungen sind Beschwichtigungen; sie will nicht anspornen, sondern besänftigen; sie will nicht erfüllen, sondern sie will hintergehen. Sie hält es insgeheim mit dem Verwesenden: den phosphoreszierenden Glanz der Verwesungsgase feiert sie als Morgenröte eines jungen Tages. Wer diesen Lichtern folgt, gerät in Sümpfe, indes er wähnt, Gipfel zu erklimmen.

Das Ende des Revolutionärs

Der Nationalsozialismus vermaß sich anfänglich, eine Revolution des deutschen Gesamtdaseins ins Werk zu setzen. Es sollte kein deutsches Lebensgebiet geben, das er nicht aus seiner neuen deutschen Haltung heraus von Grund auf umgestaltete. Sein revolutionärer Schwung kehrte sich zunächst der Natur der Sache nach vorzüglich gegen den innerpolitischen Verfassungszustand; er lehrte „das System" als Überfremdungserscheinung als Verwaltungskörperschaft förmlich zur Durchführung des Versailler Diktats begreifen. Der Angriff, der gegen das „System" mit seinem Parlamentarismus, seinen schwächlichen „Kuhhandeleien" geführt wurde, sollte zugleich die Versailler Ordnung treffen; man zweifelte nicht daran, daß die Wucht des nationalsozialistischen Vorstoßes zuletzt die Weltverhältnisse umwälzen werde. Auch als Nationalsozialist glaubte man „Weltrevolutionär" zu sein: ein deutsches Gesicht sollte der Welt aufgeprägt werden.

Dieses mächtige revolutionäre Pathos war es, das allerorts Männer, die nach Taten begierig waren, bezauberte und die Jugend berückte. Die Brandfackel in den Händen der Bewegung war ein Unterpfand dafür, daß die alte Welt in Flammen gesetzt und an deren Stelle eine neue Welt auferbaut werde. Alle Herzen aber schlugen dieser neuen Welt ungeduldig und hoffnungsfroh entgegen.

Freilich wurde das revolutionäre Pathos allmählich zur äußerlichen Gebärde. Hitler ging der revolutionäre Atem aus: er schnappte nach der Luft der Legalität. Der revolutionäre Wille erlahmte; auf seinen traurigen Überresten erblühte üppig und geil die achtungswerte Gesinnung unbeirrbarer Gesetzlichkeit.

Als Österreicher hatte Hitler keinen Augenblick wahrhaft revolutionäres Temperament besessen; nie kommt der Österreicher von seinen Ruhe- und Ordnungsinstinkten los. Kein Österreicher ißt die Suppe so heiß, als er sie kocht; durch seinen schwärzesten Ingrimm noch brechen Strahlen eines „sonnigen Gemütes". Bei allem, was er tut, ist ein Stück „Herz" dabei; schlimmstenfalls ist es ein etwas boshaftes und intrigantes Herz. Er tobt wie ein Berggewitter, aber er ersehnt dabei gleichzeitig schon wieder den Augenblick, in dem er seine Ruhe und sein Gleichgewicht zurückgewonnen haben wird. Er erschrickt, wenn etwas auf die Spitze getrieben werden soll; man kann nie wissen, wo das enden würde. Stellt man die Welt auf den Kopf, dann verliert man selbst auch den Boden unter den Füßen — das ist aber zuviel Beschwer, als daß man sich darauf einlassen möchte. Wenn der Spektakel seinen Höhepunkt erreicht hat, ist das Kompromiß immer am nächsten; das Herz fällt nie tiefer in die *eigenen* Hosen, als wenn man versucht, dem *andern* Angst einzujagen. Man ist immer dankbar, als gefährlich gelten zu dürfen; man ist nie so anspruchsvoll, es nun auch noch wirklich sein zu wollen. Man verletzt nicht das Gesetz, man benutzt nur seine Hintertüren: darin erschöpft sich die ganze Revolution, zu der man fähig ist. Wenn man zur Revolution antritt, wird immer ein Theaterstück daraus: das ist bei Hitler nicht anders wie bei Pfriemer.

Als Hitler seine Legalität beschwor, kam zum Vorschein, was er seit Jahren gewesen war. Der *gesetzliche* Hitler ist allein der *wahre* Hitler; Hitler, der Revolutionär, war nur eine Rolle gewesen, in der es sich erfolgreich hatte debütieren lassen.

Der gesetzliche Boden der Tatsachen reicht gegenwärtig von Weimar bis Versailles; wer ihn betritt, ist dem einen so unentrinnbar verfallen wie dem andern. Weder Weimar noch Versailles läßt sich *legal* vernichten; das Bekenntnis zur Legalität begreift von vornherein den Verzicht auf jegliche Zerstörungsabsicht in sich ein. Wer sich an das Gesetz bindet, dient ihm; so wurde Hitler, als er den Willen zur Legalität kundgab, ein *erhaltendes* Element des Weimarer Zustandes und der Versailler Ordnung. Jede Ordnung hat eine Opposition, die zu ihr gehört; sie ist ein Mittel gegen die Verkalkung und eine Bürgschaft elastischgesunden Fortbestandes. Sie ist in jedem Fall die „gesinnungstreue" Opposition. Opposition dieser Art wurde für Weimar und Versailles der Nationalsozialismus, als er auf die Bahn der Gesetzlichkeit eingebogen war; jede kluge Tyrannei ist gerne bereit, sich solche Opposition gefallen zu lassen.

Es gibt keine legale Revolution und keine revolutionäre Legalität; wo die Legalität beginnt, ist die Revolution zu Ende. Wer legal kämpft, rührt nie an Grundlagen; sein Kampf ist nur ein Wettbewerb um den besten Platz auf der gemeinsamen Plattform.

Hitlers Legalitätsbeteuerung war die Kapitulationserklärung des Nationalsozialismus. Der Nationalsozialismus gliederte sich dem herrschenden innen- und weltpolitischen System ein; er entsagte dem Ehrgeiz, es zu zertrümmern. Damit wurden seine Aktionen zu bloßen Spiegelfechtereien. Zu guter Letzt wandte Hitler seine Tatkraft daran, Reichspräsidenten und Reichskanzler zur peinlichsten und gewissenhaftesten Beachtung der Weimarer Verfassung anzuhalten; der Revolutionär von ehedem war zum treuesten „Hüter der Verfassung" geworden.

Die innenpolitische Waffe, die er jetzt zückte, wurde der Stimmzettel. Er fürchtete die Machtprobe mit den bestehenden Gewalten; er wollte diese stürzen, indem er in der Wahlzelle nach dem Bleistift griff. Wo man der Machtprobe ausweicht, ist man schon besiegt. Man zwingt dort nicht mehr seinen Willen auf, sondern muß sich verständigen. Man wird nicht Diktator, sondern nur Koalitionsgenosse. Man vollbringt statt schöpferischer Taten von nun ab taktische Kniffe. Man wird wie die andern; die einzige Auszeichnung, an der man vielleicht noch festhält, ist ein rauherer Ton und eine plumpere Methode.

Hitlers Legalitätsbereitschaft zog die letzten Konsequenzen. Er versicherte das Ausland seiner Achtung vor den Verträgen. Vor auswärtigen Journalisten sagte er kein Wort gegen Versailles, dafür aber um so mehr gegen den Versailles bedrohenden Bolschewismus. Deutschlands private Auslandsverschuldung erkannte er ausdrücklich an. Anders war die Außenpolitik der bisherigen Regierungsparteien auch nicht gewesen. Als Unterschied blieb, daß er sich noch nicht auf die feinen diplomatischen Ausdrucksmittel verstand. Wer im heutigen Deutschland den Willen zur Legalität sät, muß zwangsläufig die Früchte der Koalitions- und Erfüllungspolitik ernten.

Die nationalsozialistische Jugend wurde zum leidenden Helden einer der erschütterndsten deutschen Tragödien. Sie wollte kämpfen, sterben und siegen. Jetzt aber sollte sie bloße Wahlgefechte schlagen und abstimmen. So groß war das Vertrauen dieser Jugend zum Führer und zur Bewegung, daß sie sich überzeugen ließ, auch hier handle es sich um tiefgreifende Entscheidungen. Sie zog mit glänzenden Augen zur Urne. Sie bejubelte die Legalität als eine Kriegslist — und um so wirksamer sollte diese List sein, je tiefer sich auch die Jugend im Gehäuse der Legalität verkroch. Die Haltung einer schreckhaften Spießbürgerlegalität wurde mit einer wilden Begeisterung zur Schau getragen, die an die Löwenhaut erinnerte, die sich irgendein Zettel, der Schneider, übergeworfen hatte. Diese Jugend wurde, indes sie noch wähnte, kriegerisch und umstürzlerisch zu sein, bereits vom Gift des Pazifismus verseucht: Legalität ist schließlich immer nur eine Ausdrucksform des Willens, sich mit seiner Umwelt auf den Fuß der Friedfertigkeit zu stellen.

Obschon sich Hitler in der Haltung gewissenhafter Gesetzlichkeit verfestigte, zerstörte er freilich doch nicht den äußerlichen Anschein, daß der revolutionäre Charakter der nationalsozialistischen Bewegung nicht angetastet worden sei. Wollte man nicht mehr beißen, so sollte um so lauter und kräftiger gebellt werden. Diejenigen, welche Revolutionäre sein wollten, konnten glauben, es auch fürderhin bleiben zu dürfen. Die schwachen friedsamen Seelen der zuströmenden „Septemberlinge" und karrieresüchtigen Rechner aber brauchten nicht zu erzittern. Hitler war kein Revolutionär mehr; aber er erschwerte es nicht, ihn dafür zu halten. Wer das Empörertum gegen die außenpolitische und innenpolitische Zwangsordnung gegen die überkommenen religiösen, sozialen und wirtschaftlichen Einrichtungen im Herzen trug, war freilich durch Hitlers Legalitätswillen an die Kandare genommen; er sah sich in eine Lage geführt, innerhalb deren er, auch wenn er aufbrauste, den status quo, den Bestand der alten abendländischen Welt, nicht mehr in Gefahr bringen konnte.

Die besondere Art der Hitlerschen Legalität, die, so ernst sie gemeint ist, doch immer noch mit revolutionären Hinterabsichten liebäugelt, wurde zum Fallstrick, in dem sich alle deutschen Protestler und Rebellen verfingen. Seitdem sie hineingerieten, werden sie für Weimarer und Versailler Zwecke gebändigt und gezähmt.

Vielleicht bricht die Unredlichkeit, das in der Tiefe des Wesens selbst angelegte Zweideutige und Zwieschlächtige der nationalsozialistischen Bewegung nirgends schroffer hervor als in diesem Widerspruch, der zwischen ihrer revolutionären Maske und ihrer selbstverräterischen Legalität klafft. Hunderttausende schenken der Maske Vertrauen; sie büßen es, indem sie gegen ihre Neigung zum Schutze des verfaulenden Abendlandes in Pflicht genommen werden.

Der Weg in die Ohnmacht

Abendländische Rattenfängermelodien

Keine politisch tätige Kraft weiß, welche geschichtliche Funktion sie ausübt; die Absicht, die sie mit Wissen und Willen verfolgt, steht in der Regel außer allem Zusammenhang mit ihrer eigentlichen Funktion. Was sie wirkt, liegt zumeist auf einer andern Ebene und strebt in eine andere Richtung, als es die Idee tut, auf die sie sich beruft. Unmittelbare politische Absicht, politische Idee gehören zu den mannigfachen Mitteln, mit deren Hilfe Menschen in geschichtliche Bewegung gesetzt werden. Obschon Ideenträger zumeist in gutem Glauben handeln, sind sie doch immer irgendwie Betrüger: sie machen sowohl sich selbst wie der Welt einen blauen Dunst vor, hinter dem sich der Gang der Dinge nach eingeborener Logik und unabhängiger Gesetzlichkeit vollzieht.

Kaum hatte der russische Bolschewismus die bürgerlichen Lebensformen zerstört, begann Rußlands Wiedergeburt aus den Tiefen slawisch-asiatischer Urinstinkte. Das marxistische Gedankengut hatte diesen Instinkten in ihrem Vernichtungskampf gegen die bürgerliche Welt gutes Gewissen, Selbstvertrauen, Siegeszuversicht, Sendungsbewußtsein geschenkt; als aber das Vernichtungswerk vollbracht war, wurde offenbar, daß dessen Triebkräfte nicht diesem Gedankengut entsprungen waren. Rußland entwickelte sich aus slawisch-asiatischen Volksnotwendigkeiten zum totalen Staat, obschon der Marxismus den Staat als alten Plunder in die Rumpelkammer werfen möchte. In so schroffem Widerspruch die marxistischen Ideen zu den Regungen nationaler Selbsterhaltung stehen, so deckten doch gerade sie die Erweckung, Mobilmachung und Aufrichtung des russischen Lebenswillens.

Der geistige Gehalt des Nationalsozialismus scheint sich freilich in einem viel geradlinigeren Bezug zu der Richtung des elementaren deutschen Lebenswillens zu befinden; er mutet an, als sei er die natürliche Sprache, die sinngemäße Ausdrucksform, in denen sich der deutsche Lebenstrieb unmittelbar verständlich macht. Es ist, als enträtsle er die dunkelsten Geheimnisse deutschen Blutes, dessen Urgründe aufgewühlter sind, als es seit Jahrhunderten geschah. Diese Aufgewühltheit ist eine Tatsache von unermeßlicher Tragweite; der Bestand Europas, des abendländischen Zivilisationskreises überhaupt, ist von ihr bedroht. Sie ist der unheimliche Schoß, der plötzlich die deutsche Gefahr, vor der Frankreich heute noch ebenso erzittert wie ehedem, entbinden kann. Die deutsche Gefahr steigt auf, sobald Deutschland die Ketten seiner Wesensüberfremdung zerbricht. Elementare Ursprünglichkeit gegen wesenszerstörende Überfremdung: das ist hier die Frage; sie ist für Deutschland ähnlich gestellt, wie sie zuvor für Rußland gestellt gewesen war.

Der Nationalsozialismus gliederte sich bewußt dem Abendlande ein; daß er faschistisch, bürgerlich-zivilisatorisch, demokratisch-parlamentarisch, legal wurde, war insgesamt nur seine abendländische Bewährung.

Allerdings wurde er zu einer Abendländerei ganz eigener und folgenschwerer Art. Er färbte seine Abendländerei ins Deutsche um; er hüllte sie gewissermaßen in deutsche Bärenfelle. Seine Abendländerei berief sich auf deutsche Herkunft; damit wollte sie alle Zweifel an ihrer deutschen Echtheit zum Schweigen bringen. So bot sich der Nationalsozialismus dem Aufruhr des deutschen Blutes als Deuter, als Sachwalter, als Bahnbrecher an — und so fand er auch Vertrauen. Die düstere Gewalt des aufgewühlten Blutes brachte er hinter sich; der Sturm der völkischen Elemente hörte auf sein Gebot.

Aber er war für die innen- und außenpolitischen Überfremdungsmächte bei alledem nicht die unmittelbar gestaltgewordene „deutsche Gefahr"; er war im Gegenteil deren klügste Veranstaltung, die deutsche Gefahr zu bestehen und ihrer Herr zu werden. Als der Nationalsozialismus die Führung des Aufstandes des deutschen Blutes an sich gerissen hatte, war entschieden, daß dieser Aufstand auf ein totes Geleise geschoben und zuletzt abgewürgt würde. Ein tiefgreifendes Mißtrauen gegen die abendländische Überfremdung war in Deutschland erwacht; der Nationalsozialismus schläferte das Mißtrauen wieder ein und lockte dies Deutschland, das sich anschickte, zu sich selbst zurückzufinden, auf neue abendländische Irrwege, indem er voranlief mit dem lauten Ruf: „Deutschland, erwache!".

Was diese Losung in der Propaganda des Tages bedeutet, das ungefähr bedeutet Rosenbergs „Mythus des 20. Jahrhunderts" in der höheren Ebene geistiger Besinnung. Der „Mythus" rührt an letzte Ursprünglichkeiten und ficht für deren Geltungsanspruch. Indes wurde der „Mythus" zur „Privatarbeit" erklärt. Damit war diese Verkündigung germanischen Aufbruchs innerhalb des Nationalsozialismus als eine wunderliche Merkwürdigkeit abgestempelt, als eine Einzelgängerei, für welche die Bewegung keine Verantwortung zu übernehmen brauchte. Der „Mythus" war da und man konnte sich, wo es zweckmäßig war, auf ihn berufen; verpflichtet auf ihn war man jedoch nicht. Er war zu einem Köder entwürdigt, dessen Geruch mancherlei deutschem Wild angenehm in die Nase drang.

Rosenberg hatte sich, da er den „Mythus" schrieb, zu seinem Eigensten vorgewagt; Hitlers mißverstandenes Zauberwort hatte ihm den Mut dazu verliehen. Kaum aber war er seines Eigensten innegeworden, als er sich auch schon durch den gleichen Hitler wieder davon abgedrängt sah. Rosenbergs Erlebnis ist richtunggebend für die Erlebnisse des gegenwärtigen nationalen deutschen Menschen überhaupt. Durch die nationalsozialistische Bewegung fühlt er sich zu sich selbst zurückgeführt; indem er sich ihr jedoch vertrauensvoll hingibt, entdeckt er plötzlich, wie er nichtsahnend wieder den alten Überfremdungsmächten zum Opfer gefallen ist und sich selbst abermals im Stiche gelassen hat.

Die gleiche Geschichte erfüllte sich auch an den deutschen bürgerlichen Parteien. Diese Parteien waren die politischen Organe der kapitalistischen Gesellschaftsordnung; jede betreute förmlich einen Sonderbereich wirtschaftlicher Interessen: Interessen industrieller, finanzkapitalistischer, landwirtschaftlicher, handwerkerlicher, hausbesitzerlicher Art. Sie waren allesamt noch in der Vorkriegszeit entstanden; nach 1918 hatten sie verschiedene Umbildungen vorgenommen, die aber doch nur ihre äußere Erscheinungsform, nicht eigentlich ihren Kern betrafen. Sie hatten wenig hinzugelernt und wenig vergessen. Sie hatten gewiß versucht, sich auf den massendemokratischen Zug der Zeit auszurichten — sie wollten fast durchweg als „Volksparteien" gelten —, aber es war ihnen nur unvollkommen gelungen. Sie hatten etwas von Aristokraten an sich, die nie den geheimen Ekel und die verzweifelte Selbstüberwindung gänzlich verbergen können, die es sie kostet, sich unter das Volk zu mischen, Volksmännern gleichzutun und an ungedeckten Tischen sich den Lebenssitten des Mannes von der Straße anzupassen.

Das bestehende Parteiengefüge erwies sich als kraftlos und ohnmächtig, nachdem die gewaltige „Krise des Kapitalismus" um sich gegriffen hatte, die Grundlagen der kapitalistischen Ordnung ins Wanken geraten waren und sich deren Untergang bereits in unheilvollen Vorzeichen ankündigte. In dem Augenblick, in dem es sich für die kapitalistischen Lebensformen um Leben oder Tod handelte, wurden die überkommenen Parteien unzulängliche Verteidigungswaffen. Man sah, wie das Parlament ein Boden war, auf dem sich lediglich innere Spannungen der bürgerlichen Ordnung ausgleichen ließen, wie es aber nunmehr selber als Ganzes in Frage gestellt war.

Als der Nationalsozialismus in die Bestände der bürgerlichen Parteien einbrach und die innerpolitische Flur bereinigte, handelte es sich nicht darum, die bürgerlich-kapitalistischen Lebensformen wehrlos zu machen. Er fegte die alten Parteien hinweg, weil sie ihren Zweck nicht mehr erfüllt hatten; er setzte sich an ihre Stelle, um den gleichen Zweck um so gründlicher und nachhaltiger erfüllen zu können. Die ältesten Stützen der bürgerlichen Parteien strömten ihm in Scharen zu; nicht freilich, weil sie sich innerlich gewandelt hatten, sondern weil sie spürten, daß keine Macht mehr die bürgerlich-kapitalistischen Lebensformen zu schützen vermöge, wenn der Nationalsozialismus es nicht tue.

Auf diese Weise fügte der Nationalsozialismus auch der Deutschnationalen Volkspartei schweren Schaden zu. Die Deutschnationale Volkspartei war gleich den übrigen Parteien Interessensvertretung, doch war sie das nicht allein. Sie beherbergte in sich Wesensbestandteile, deren Erhaltung für das deutsche Dasein schlechthin entscheidend ist: es sind die ländlich-preußisch-protestantischen Kräfte.

Der Nationalsozialismus ist seinem demokratisch-bindungslosen Charakter nach viel zu städtisch, um sich auf die Lebensbedürfnisse des Landes ähnlich verstehen zu können, wie es die Deutschnationale Volkspartei tat; wenn es auch nationalsozialistische Bauern gibt, so gibt es doch keinen bäuerlichen Nationalsozialismus. Die Überflutung der Deutschnationalen Volkspartei durch den Nationalsozialismus war eine beunruhigende Einbuße deutscher Verwurzelung auf der Scholle.

Vollends zerbrach aber der Nationalsozialismus den preußisch-protestantischen Widerstand, der die beste Leistung der Deutschnationalen Volkspartei gewesen war. Indem der Nationalsozialismus die seelische Grundsubstanz der preußisch-protestantischen Deutschnationalen Volkspartei verseuchte, vollendete er seine abendländische Sendung. Der Staub, den der Einsturz der Deutschnationalen Volkspartei aufwirbelte, legte sich wie Weihrauchwolken der katholischen Aktion über Deutschlands nordöstlichen Raum. Sobald der Stahlhelm gleicherweise noch nationalsozialistisch unterwühlt sein wird, wird auf deutschem Boden das letzte große preußisch-deutsche Bollwerk gefallen sein.

Der Nationalsozialismus betrieb mit Schwung und Feuer, was die Zentrumspartei, die ebenfalls auf abendländischen Schleichpfaden geht, behutsam und maßvoll anzuzetteln liebt. Die volkskonservative Absplitterung, die Brüning einst heimlich in die Wege geleitet hatte, war nur eine gepflegtere Form, in der die romanische Tendenz den preußisch-protestantischen Bestand der Deutschnationalen Volkspartei mattgesetzt hatte. Hitler ist robuster; wo er zuschnappt, frißt er gleich mit Haut und Haar, mit Stumpf und Stiel auf.

An diesem Punkte wird die verborgene Wesensverwandtschaft zwischen Nationalsozialismus und deutschem politischen Katholizismus offenbar. Beide wollen auf das gleiche Ziel hinaus; nur ist der Nationalsozialismus der ungestümere, begeisterte, unintelligentere und plebejischere Bruder; wo er laut schreit flüstert die Zentrumspartei bloß. Hitler fühlt die Verwandtschaft; darum möchte er der Zentrumspartei beim Papst den Rang ablaufen. Auch die Zentrumspartei weiß um die Verwandtschaft Bescheid: darum mißlingen ihr gegenüber alle Hitlerschen Zersetzungsversuche; da man die gleiche Blickrichtung hat, bleibt die große Plumpheit des Nationalsozialismus hier ohne Eindruck. Man kann in jedem Augenblick die Hand anlegen, um Hitler den Wind aus den Segeln zu nehmen; man hat das alles auch in sich, womit Hitler prunkt. Brünings Notverordnungspolitik war eine von allen Eseleien gereinigte Hitlerei.

Die Fortschritte des Nationalsozialismus waren bürgerlich-kapitalistische Notmaßnahmen; sie waren aber ebensosehr abendländische Erfolge über die gegenabendländischen Rückstände, aus denen sich immer wieder die Antriebe deutscher Unabhängigkeit erneuert hatten.

Der Nationalsozialismus, der die alten Parteien verschlang, befreite Deutschland gewiß von vielerlei abgestandenen Resten und seelenlosen Gestaltungen; er beraubte es jedoch gleichzeitig jener Elemente, die der Nährboden des unergründlichen deutschen Trotzes waren, der die Welt nicht fürchtet — „und wenn sie auch voll Teufel wär". Indem Hitler im Zeichen des römischen Grußes und der faschistischen Geisteshaltung gegen den deutschen Norden vordrang, nagte er das protestantische Erbe Luthers an und nahm er an der preußischen Hinterlassenschaft Bismarcks eine lang verhaltene Rache für Königgrätz. Hitlers nationale Erlösungslehre war die auf die deutsche Tonart abgestimmte abendländische Rattenfängermelodie, die allen Protestanten und Preußen die Sinne benahm. Protestantentum und Preußentum auf solche Weise seelisch zu entwaffnen und beide dem romanischen Schicksal zu überlassen, das ihrer alsdann wartet, das eben ist eine der wichtigsten abendländischen Aufgaben, die der Nationalsozialismus zu lösen hat.

Sein Erfolgsystem

Das Maß an Vertrauen, das Hitler genießt, ist ohnegleichen. Durch keine Tat noch hat Hitler bestätigt, daß er so vielen Vertrauens würdig sei; ihm wird das Vertrauen blindlings gegeben. Er ist ein unübertrefflicher Meister in der Kunst, die Menschen einfach an sich glauben zu machen, ohne zuvor die Frage nach seinem Können und Vermögen beantwortet zu haben.

Der Deutsche ist von Natur aus gläubig; sein größtes geschichtliches Ereignis, die Reformation, war die Änderung eines Glaubens gewesen. Er ist ein Gläubiger auch in seinen politischen Angelegenheiten. Sogar der Inbegriff seines politischen Daseins, das Reich, war mehr ein übersinnlicher Glaubensgegenstand als eine handfeste Wirklichkeit. Zwar mußte man das Reich täglich in seiner kläglichen Ohnmacht erleben; indes versöhnte man sich damit, weil man es unbehindert in seiner nahenden Vollkommenheit glauben durfte. Etwas fest zu glauben, bedeutet in Deutschland auch in politischen Angelegenheiten schon soviel wie des Glaubensgegenstandes sicher zu sein und ihn bereits in der Tasche zu haben. In Deutschland hat man von jeher gern über die Haut des Bären verfügt, bevor der Bär noch erlegt war. Nie beruft man sich heftiger auf die Zuversicht seines besseren Glaubens, als wenn man sich sträubt, einer schrecklichen Wirklichkeit tapfer ins Gesicht zu blicken.

Die deutsche Glaubensbereitschaft ist die Konjunktur aller falschen Propheten; sie führt immer wieder in Versuchung, sie schmählich auszubeuten. Wer sich darauf versteht, die glaubenshungrige Phantasie anzuregen, hat jederzeit Aussicht, eine Gemeinde zu finden. Je böser die Zeiten sind, desto verzweifelter ist der Glaube; so will man sich über sie hinweghelfen. Es braucht nur einer zu kommen, der am gewissesten von der Wende aller Not zu reden versteht: dann wird er sogleich auf Händen getragen.

Nach Bismarcks Sturz 1890 begann der deutsche Niedergang; er lag in der Notwendigkeit der Dinge selbst. Da brachen sogleich die Tage der politischen Heilsverkünder an. Wilhelm II. selbst hatte etwas davon; von ihm persönlich stammt die Verheißung „herrlicher Zeiten". Bülow ebnete den feindlichen Nachbarn den Weg zur deutschen Einkreisung; keiner aber hat Deutschland eine größere Zukunft hoffen lassen als er. Hätte er sich selbst nicht aus dem Grabe heraus entlarvt, würde ihn Deutschland heute noch als seinen bedeutendsten Staatsmann „nach Bismarck" ehren.

In der unverbrüchlichen Siegeszuversicht während des Krieges steckte etwas von der berserkerhaften Glaubensinbrunst, die sich durch Gebirge widersprechender Tatsachen nicht in die Knie zwingen läßt. Freilich wagte in diesen Jahren niemand, als politischer Heiland Nutzen aus der deutschen Glaubenswilligkeit zu ziehen; jeder hätte fürchten müssen, sofort beim Wort genommen zu werden. Der Donner der Geschütze erschütterte nicht die deutsche Glaubensseligkeit, er verscheuchte aber die Trunkenheit öffentlicher Propheten.

Nach dem Zusammenbruch allerdings kamen politische Propheten aus allen Löchern gekrochen. Scheidemann versprach „Friede, Freiheit, Brot". Erzberger überbrachte die „Verzeihung der Feinde". Stresemann lockte mit Locarnowärme, Dawes- und Youngzauber; solch großer Magier war er, daß unter dem Einfluß seiner Genfer Beschwörungsformeln das deutsche Volk sein entehrtes Schicksal als neues deutsches Großmachtdasein genoß.

Allen insgesamt freilich, die je in Deutschland politisches Vertrauen fanden, lief Adolf Hitler den Rang ab. Nie bot er etwas anderes als Worte; nichtsdestoweniger flogen ihm Millionen von Herzen zu. Seit 1919, so darf man sagen, wirbt er um politische Kredite. Er hat wirksame Regeln der Kreditwerbung ausgedacht; er weiß, daß man um so mehr Kredit bekommt, je erfindungsreicher die Propaganda, je aufrüttelnder die Reklame ist.

Was Hitler schreibt, ist stets irgendwie verschwommen und umrißlos; er kann nicht bestimmt und scharf denken und hat keine klaren Gesichte. Das Beste aber,

was er je drucken ließ, sind die Abschnitte über Propaganda in seinen beiden Bänden. Es gibt keinen Gegenstand, über den er sich lieber verbreitete; hier ist das Feld, auf dem er sich zu Hause fühlt. Da schöpft er aus eigener Erfahrung, da bekennt er sein innerstes Geheimnis. Fast alles, was er schrieb, verrät einen Rest, der nicht völlig verdaut ist; wo es aber um die Propaganda geht, da ist er Fachmann, der sein Handwerk von Grund auf beherrscht. „Gerade darin liegt die Kunst der Propaganda", lehrt er, „daß sie, die gefühlsmäßige Vorstellungswelt der großen Masse begreifend, in psychologisch richtiger Form den Weg zur Aufmerksamkeit und weiter zum Herzen der breiten Masse findet." Hitler ist der Erfinder des besten propagandistischen Erfolgssystems, das seine Bewährungsprobe überraschend gut bestanden hat.

Er hat den Punkt überschritten, bis zu dem hin man Kredite erbitten muß; ihm werden sie nachgetragen. Es sind gute Werte, die man ihm zu treuen

Händen übergab: die Begeisterungsfähigkeit und das heiße Herz der Jugend, die edle Substanz des Bauern, die Verfügungsgewalt über das Schicksal des Bürgers. Er hat die Verantwortung für Millionen von Existenzen; kein Kreditgeber, kein „Gläubiger" zweifelt an der Gesundheit der Hitlerschen Gründung. Hitlers Reklame war durchschlagend; allerorts „tippt" man, daß jeder, der bei Hitler einlegt, bald seinen Anteil an deutscher Freiheit und deutschem Glück ausgeliefert bekommen wird. Man billigt jede Maßregel Hitlers. Den kleinen Konkurs von 1923 hat man vergessen; man nimmt ihn von der heiteren Seite. „Es ist keiner ein großer Mann, der nicht schon einmal gestrauchelt ist; es gibt nichts Liebenswürdigeres als die Jugendsünden genialer Menschen." Der Kreditwürdigkeit Hitlers hat jener fröhliche Geschäftsunfall keinen Abbruch getan. Nunmehr sieht man keinen Anlaß mehr, stutzig zu sein.

Zwar blieb Hitler bereits einige Male die Taten schuldig, die er in gewisse Aussicht gestellt gehabt hatte. Er versäumte den Zahltag des 14. September 1930. Alle verstörten Demokraten fürchteten damals, daß er noch in der Nacht marschieren werde; sie wußten, daß angesichts der allgemeinen Volksstimmung die Republik seine sichere Beute hätte sein müssen. Er marschierte nicht, sondern watete in den Sumpf des Parlamentarismus. Es kam der „Exodus": man erwartete Großes; ein politisches Glanzstück war fällig. Die Zeit verstrich, und es geschah nichts; das Zahlungsversprechen, das der „Exodus" war, wurde nicht eingelöst. Ohne politischen Gewinn kehrte die Fraktion wieder in den Reichstag zurück. Hitler machte sich stark, die Regierung noch 1931 zu stürzen und die Herrschaft zu ergreifen. Es war kein Gläubiger, der nicht „stillehielt", damit der Führer volle Ruhe und ungestörte Bewegungsfreiheit habe. Das Jahr ging zu Ende; aber Hitler war erst bis zum Hotel Kaiserhof vorgedrungen; die Reichskanzlei war unzugänglicher als je. Nicht einmal der Tag von Harzburg hatte das nationale Deutschland mit jenen politischen Zinsen beschenkt, für die es lange vorher bereits seine Vorschußquittungen erteilt gehabt hatte. Brüning demütigte die SA. und die SS. durch das Uniformverbot. Ansehen und Ruf der ganzen nationalsozialistischen Bewegung standen — wie insbesondere das Ausland richtig empfand — auf dem Spiele. Die Lage erforderte, daß Hitler sein ganzes politisches Vermögen in die Waagschale werfe; es mußte klargestellt werden, daß man nirgends geborgener sei als unter Hitlers Schutz und daß die Regierungsautorität nur so weit reiche, als Hitler ihr Platz lasse. Aber Hitler verhielt sich wie ein politischer Bettelmann, der ohne eigene Mittel ist und sich kleidet, wie es seinem Wohltäter gefällt.

Jeder Termin, für den eine Entscheidung angekündigt gewesen war, brachte eine Enttäuschung; jeder Wechsel, der Hitler präsentiert wurde, mußte verlängert werden. Die nationalsozialistische Bewegung wurde zu einem ungeheuren Kreditgebäude; es ist jedoch bislang noch nichts dabei herausgesprungen. Die gegebenen Kredite sind ins Unermeßliche aufgeschwollen; noch haben sie jedoch kein einziges schöpferisches Werk gezeugt. Wer das Bargeld einer wirklich politischen Unternehmung einmahnt, wird jedesmal auf die Zukunft neu vertröstet.

Die Zukunft freilich zeigt ein grauenvoll isoliertes Deutschland, das von Kräften der Auflösung und des Verfalls überspült ist. Frankreich brütet Zerstückelung, und Rußland verständigt sich mit Versailles. In dieser Lage gibt es keine Politik reicher nationaler Erfolge; Rückschlägen, Verlusten, Mißhandlungen ist nicht zu entgehen. Hitler versäumte, für eine weltpolitische Konstellation, die ihm günstig hätte sein können, rechtzeitig Sorge zu tragen; er verdarb sie sich geradezu durch seinen flachen Antibolschewismus. Hitler handelte ohne Umsicht und Weitsicht; er hat sich keine zureichenden weltpolitischen Gedanken gemacht. Er hatte von Siegen geträumt, ohne sie durch strategische Pläne vorbereitet zu haben; sie sollten ihm in den Schoß fallen. Ihn peinigte nicht, wie Bismarck, der „Alpdruck der Koalitionen"; er trabte wie ein Glücksritter in die klüftereichen Gefilde der Weltpolitik hinein. In dem Augenblick, in dem die politischen Kredite, die ihm unbegrenzt zugeflossen sind, Früchte tragen sollen, muß er erfahren, daß sie ihm in den Händen zerrinnen, daß sie verflogen und vertan sind.

Deutschland lebte in den verflossenen Jahren von fremden Anleihen; es vergeudete die Zukunft seiner Kinder, um sich seine Gegenwart zu erleichtern. Der Geist der Hochstapelei waltete über seiner Wirtschaft und seiner Politik. Kreditschwindler hatten gute Tage. Sie stiegen zu stolzer Höhe empor, wurden bewundert, umjubelt — und taten zuletzt einen jähen Fall.

In diesen Rahmen gehört der Nationalsozialismus; er ist das verwegenste Kreditschwindelgebäude, das auf politischem Boden errichtet wurde. Das Braune Haus ist wie einer jener großspurigen Geschäftspaläste, in denen betrügerische Konzerne ihre Blütezeit vorwegzunehmen gedachten. Weg und Schicksal der Stinnes, Lahusen, Dumcke, Katzenellenbogen und Goldschmidt werden über kurz oder lang auch Weg und Schicksal Hitlers sein.

Verhängnis

Der Nationalsozialismus ist kein Beginn — er ist ein Ende. Er ist der Ausklang der wilhelminischen Zeit; in ihm schwingt sie noch fort. Ihr Geist, ihre Stimmung lohen aus ihm noch einmal wie die Flamme aus einer erstickenden Glut. Die wilhelminische Zeit liegt im Verröcheln; der Nationalsozialismus ist die Summe ihrer Fieberphantasien, in der sie wirr und heiß ihr Dasein rückschauend überschlägt. Während die Quellen des Lebens schon versiegen, entzündet sich an jagenden Pulsen noch ein letzter Traum von Kraft. Noch einmal versammeln sich alle Elemente der wilhelminischen Zeit zu einem aufgepeitschten, geisterhaften Spuk. Der Byzantinismus wird wieder wach, und zwar abermals vor einem weichen, haltlosen und richtungslosen Mann, der nur dürftig hinter Cäsarengebärden versteckt, welch armseliger Spielball der Ereignisse er ist. Ein seichter Optimismus tänzelt am Rande schauerlicher Abgründe entlang und ahnt nicht, was er tut. Ein blutiger Dilettantismus mischt die Finger in alle Dinge und spürt nicht, was er zerstört. Man weiß nicht, was man will, und füllt infolgedessen die Lücke mit Taktik aus; wo zuviel Taktik ist, steht in der Regel nichts mehr im Hintergrund. Man spielt sich parvenühaft auf; jeder soll wissen, wer man ist. „Schwarzseher und Nörgler" werden nicht geduldet; wer nachdenklich ist, erweckt Zweifel an der Zuverlässigkeit seiner rechten nationalen Gesinnung. Man wähnt, daß Rausch und Vaterlandsliebe dasselbe sei; man hält den für einen schlechten Patrioten, der darauf achtet, daß sein Kopf klar und sein Sinn nüchtern bleibe. Wo irgendeine politische Schwierigkeit auftaucht, soll unverzüglich der drohende Aufmarsch der kriegerischen Mannschaft helfen. Man hat Macht; man gebraucht sie indes ausschließlich dazu, sie bis zum letzten Rest zu verwirtschaften. Man proklamiert zahllose „Ideen", aber man hat keine Idee. Man verfügt über ein köstliches Erbe, über wundervolle Energien; sie bringen einen jedoch nicht weiter als bis — in den Wald von Compiègne.

Das Ergebnis des unerhörten Aufwandes ist am Schluß die Katastrophe. Sogar das ist wilhelminisches Schicksal noch einmal: wie das wehrhafte Hohenzollernsche Reich sich im habsburgisch-katholischen Schlepptau in sein Verderben verstrickte, so treibt die nationale Bewegung Deutschlands unter österreichisch-romanischer Führung dem Schicksal ihrer hoffnungslosen Verohnmachtung entgegen.

Als das Hohenzollernsche Reich niedergebrochen war, verlor sich die Fülle deutscher Willens- und Selbstbehauptungskräfte, die bisher in politisch-staatlicher Form zusammengefaßt gewesen waren, ins Gestaltlose. Sie flossen zu einem wirbelnden Chaos zusammen; die romanisch-westlerische, die Versailler Welt witterte darin sogleich den Herd kommenden unberechenbaren Unheils. Der Nationalsozialismus band, organisierte, „kanalisierte" die wüsten Energien dieses Chaos. Er zwang ihnen die Richtung gegen den Osten auf; die romanischen Instinkte des Führers übten eine versteckte Solidarität mit dem um seine Zukunft zitternden Abendland. Nutzlos verströmen sich in dieser falschen Bahn die Unheimlichkeiten des

deutschen Raumes; schon wirft der Augenblick seine Schatten voraus, in dem sie in einem unfruchtbaren Überschwang bis zur letzten Spannung verpuffen werden. Ein ermattetes, erschöpftes, enttäuschtes Volk bleibt dann zurück, das alle Hoffnung fahren läßt und müde am Sinn jeder ferneren deutschen Gegenwehr verzweifelt. Die Versailler Ordnung aber wird gefestigter sein, als sie es jemals war.

Uwe Sauermann

Ernst Niekisch -
Widerstand gegen den Westen

Vermächtnis eines Nationalisten

ISBN 978-3-938176-81-8
464 Seiten, gebunden, fester Einband
34,00 Euro

Ernst Niekisch (1889–1967) war ein politischer Denker und faszinierender Autor, der sich von der extremen Linken zum Visionär des deutschen Nationalismus entwickelte. Dennoch wurde er 1939 vom Volksgerichtshof zu einer lebenslangen Zuchthausstrafe verurteilt. Warum dieser Nationalist und zugleich Antifaschist mit Hitlers Nationalsozialismus kollidieren musste und heute noch Interesse verdient, geht aus diesem Buch „Ernst Niekisch – Widerstand gegen den Westen"hervor. Er war ein „unbedingter" Nationalist, der trotz gänzlich veränderter Umstände heutigen „Nationalkonservativen" als Test für die Ernsthaftigkeit ihres Anliegens dienen und auch Linke verunsichern kann.

Armin Mohler: „Im vorliegenden Buch wird sichtbar, dass Sauermann sich mit einer Intensität, Ausdauer und Exaktheit in den Komplex Niekisch hineingearbeitet hat, die bisher noch kein anderer in dieses Thema investierte. Er hat die Wirkung Niekischs bis in die entlegensten Zeitschriften und politischen Gruppierungen hineinverfolgt – und das, ohne die großen Linien aus dem Auge zu verlieren, und mit einer erfreulichen Sicherheit in der Beurteilung von Personen und Situationen.

Ich habe mich seit meiner Jugend mit Niekisch befaßt und hielt mich immer für einen ganz guten Kenner dieses Mannes. Bei der Lektüre dieses Buches habe ich nicht nur viel hinzugelernt, sondern mußte auch einige liebgewordene Meinungen über Niekisch auf Grund von Sauermanns Beweisführung aufgeben oder doch zumindest nuancieren.

Das vorliegende Buch von Uwe Sauermann zeigt, daß man auch über sehr nahe und kontroverse Zeitgeschichte wissenschaftlich zu arbeiten vermag, wenn man, bei aller Engagiertheit, die eigenen Vorurteile zurückstellt und die Geduld aufbringt, sich um auch geschichtliche Vorgänge in ihrer Einzigartigkeit und steten Andersartigkeit zu kümmern."

Sebastian Haffner bezeichnete Niekisch 1980 als „letzten großen Preußen" und den „wirklichen Gegenspieler Hitlers" und meinte: „der wahre Theoretiker der Weltrevolution (gemeint ist eine antiimperialistische, antikolonialistische), die heute im Gange ist, ist nicht Marx und nicht einmal Lenin. Es ist Niekisch."

Lindenbaum Verlag GmbH - Bergstr. 11 - 56290 Beltheim-Schnellbach
Internet: www.lindenbaum-verlag.de - E-Mail: lindenbaum-verlag@web.de

Ernst Niekisch

Gewagtes Leben.

Erinnerungen eines deutschen Revolutionärs 1889 - 1945

Lebenserinnerungen, 1. Band

ISBN: 978-3-937820-02-6

412 Seiten, Paperback

24,80 Euro

Ernst Niekisch wurde 1889 in Schlesien geboren. Seit 1917 Sozialdemokrat, nach Ausrufung der Republik Vorsitzender des Zentralrates der Arbeiter- und Soldatenräte Bayerns. 1919-1921 Festungshaft wegen Beihilfe zum Hochverrat. 1922 stellvertretender Vorsitzender der sozialdemokratischen Landtagsfraktion Bayerns. Seit 1926 Herausgeber der Zeitschrift „Widerstand", die bis zu ihrem Verbot den Nationalsozialismus scharf bekämpfte. 1937 wurde Niekisch verhaftet und im Januar 1939 wegen Hochverrats zu lebenslänglichem Zuchthaus verurteilt. Von 1948 bis 1954 war Ernst Niekisch Professor an der Humboldt-Universität in Ost-Berlin. Er starb 1967. In diesem ersten Teil seiner Lebenserinnerungen schildert Ernst Niekisch seinen Werdegang von der Kindheit bis zur Befreiung aus der Berliner Haftanstalt durch Soldaten der Roten Armee Ende April 1945.

Ernst Niekisch war der herausragende Vertreter der „Konservativen Revolution" in den dreißiger und vierziger Jahren des vergangenen Jahrhunderts. Sein Widerstandsdenken, eine Synthese von revolutionärem Sozialismus und preußischem Staatsnationalismus, brachte ihn in Gegnerschaft zum Nationalsozialismus. Niekisch sah nur im Ausgleich mit Rußland die Chance, Deutschlands Machtstellung zu behaupten. Haffner erkannte in ihm den Theoretiker der zukünftigen Weltrevolution des Nationalen.

Friedrich Kabermann

Ernst Niekisch

Widerstand und Entscheidung eines deutschen Revolutionärs

420 S. Paperback, **19,50 Euro**

Die ausführlichste und beste Einführung in das Leben und Denken des großen Nationalrevolutionärs, dessen preußisch-sozialistische und nationalistische Einstellungen ihn in Widerstand zum Nationalsozialismus brachten.

Ernst Niekisch

Hitler - ein deutsches Verhängnis

Reprint, 40 Seiten, brosch., **8,50 Euro**

Die prophetische Schrift Ernst Niekischs aus dem Jahre 1932 (mit vielen Zeichnungen A.Paul Webers)

Karl Otto Paetel

Nationalbolschewismus und nationalrevolutionäre Bewegungen in Deutschland

Geschichte - Ideologie - Personen

343 Seiten, Paperback, **14,80 Euro**

Karl Otto Paetel beschäftigt sich in dem vorliegenden Buch mit dem „Nationalbolschewismus", jenem merkwürdigen politischen Phänomen der Jahre zwischen 1918 und 1933, das in besonderem Maße charakteristisch ist für die Zeit der Weimarer Republik. Paetels lebendig geschriebener Bericht beruht auf der Kenntnis des „Dabeigewesenen". Exakt beschreibt er die einzelnen Gruppen. So wird jene Welt der jungen Rebellen von damals, die sich trafen im gemeinsamen Willen zur Revolution – um der Nation willen die einen, um des Sozialismus willen die anderen – und die Synthese suchten zwischen ,,ganz rechts" und ,,ganz links", noch einmal atmosphärisch lebendig...

Verlag Bublies, Bergstr. 11, D-56290 Beltheim-Schnellbach
Tel. 06746 / 730046 - E-Mail: bublies-verlag@web.de - Internet: www.bublies-verlag.de

Ernst Niekisch

Widerstand

212 Seiten, Paperback

14,80 Euro

Ausgewählte Aufsätze aus Niekischs Zeitschrift „Blätter für sozialistische und nationalrevolutionäre Politik" (herausgegeben und eingeleitet von Uwe Sauermann).

Viele Zeichnungen von A.Paul Weber

Aus dem Inhalt: Vorwort / Revolutionäre Politik (1926) / Der Kampf des deutschen Menschen (1929) / Der sterbende Osten. Das Gift der Zivilisation (1929) / Europa betet (1930) / Menschenfresser Technik (1931) / Die Leiche im Haus (1931) / Um die "Entscheidung". Eine Auseinandersetzun mit Wilhelm Stapel (1931) / Das Gesetz von Potsdam (1931) / Der politische Raum deutschen Widerstandes (1931) / Proletkult ? (1932) / Deutschlands Kriegssituation (1932) / Betrachtungen zu einer Rußlandreise (1932) / Der Arbeiter. Herrschaft und Gestalt. Zu Ernst Jüngers neuem Buche (1932) / Klassenkampf (1932) / Das Zeitalter der Klassenkriege (1933) / Schicksalsverfehlung (1933)